Heiner Geißler

Was würde Jesus heute sagen?

Die politische Botschaft des
Evangeliums

Rowohlt · Berlin

4. Auflage Oktober 2003
Copyright © 2003 by Rowohlt · Berlin Verlag GmbH, Berlin
Alle Rechte vorbehalten
any.way, Walter Hellmann
Illustration: Charley Case
Satz aus der Dolly PostScript PageMaker
bei Pinkuin Satz und Datentechnik, Berlin
Druck und Bindung Clausen & Bosse, Leck
Printed in Germany
ISBN 3 87134 477 x

Die Schreibweise entspricht den Regeln der
neuen Rechtschreibung.

Inhalt

1. Ausgangspunkte

Erste Überlegungen 7 · Die Quellen 9 · Die Wunder 12 · Die politische Lage in Palästina 14 · Pharisäer und Sadduzäer 16

2. Die gute Nachricht und die frohe Botschaft

Jeschua 18 · Hintergründe des Dramas 19 · Metanoeite 22 · Die politische Botschaft 24 · Das Bild vom Menschen 26 · Der Kern der Botschaft 28 · Wer ist der Nächste? 30 · Der unverfälschte Sinn der Bergpredigt 32 · Der fundamentalistische Irrweg 36 · Ein Zeichen, dem widersprochen wird 37 · Ein Reich für diese Welt? 38 · Opium für das Volk? 39 · Eine gute Nachricht 39 · Glaubwürdigkeit 40

3. Krieg und Frieden

Auch für den Feind bin ich der Nächste 43 · Die zweite Meile 43 · Entspannungspolitik 46 · Der Irak-Krieg 47 · Der Islam 51 · Jesus am Jakobsbrunnen 54 · Schreibtischtäter, Verleumder und Wortverdreher 55 · Versöhnung – Der verlorene Sohn 58 · Fremde, Grenzgänger und Leitkulturen 60

4. Jesus und das Kapital

Jesus und die Reichen 63 · Die Folgen des Kapitalismus 66 · Dürfen Kapitalisten sich Christen nennen? 68 · Der Oberzollpächter Zachäus 70

5. Helfen und Heilen

Er heilte Kranke, aber wie? 73 · Der Teich Bethesda am Schafstor 75 · Isa, Eileyn, Zefti und die anderen 79 · Kinderarbeit und Prostitution 80

6. Jesus und die Frauen

Die Situation der jüdischen Frauen in Palästina 83 · Maria Magdalena 85 · Jüngerinnen 86 · Jesus, ein Freund der Frauen 88 · Die Steinigung von Frauen 91 · Die Frauen in der Kirchengeschichte 92 · Die Sexualmoral 94 · Geschlechtsspezifische Verfolgung als Asylgrund 96 · Frauen im Islam 99

7. Die Scheinheiligen

Die ultimative Auseinandersetzung 101 · Balken und Splitter 104 · Das Festmahl mit den vielen Zöllnern 106 · Anspruch und Wirklichkeit: CDU 108 · Anspruch und Wirklichkeit: SPD 111

8. Mensch und Gesetz

Die Unreinheit kommt von innen 113 · Der Mensch ist wichtiger als das Gesetz 116 · Jesus und das Fasten 119 · Zölibat 120 · Gesetze gegen die Menschen 122 · Kirchenasyl 123 · Predigt in Nazareth über die Liebe 124 · Steuern für den Kaiser? 126 · Sex im Himmel? 128 · Herausforderung für die Diktatoren 129 · Keine Angst vor Königsthronen 131 · Intoleranz und Feigheit in der Politik 133 · Die Botschaft und die demokratischen Verfassungen 136

9. Wer war schuld?

Die Tempelreinigung 138 · Der Prozess gegen Jesus 142 · Jesus und der Antisemitismus 146 · Der Jude Jesus 149

10. Was würde Jesus heute sagen?

Die Endzeitrede 150 · Die Botschaft 153

Anmerkungen

1.
Ausgangspunkte

Als sie seine Worte hörten,
gerieten die Scharen außer sich,

berichtet der Jesus-Biograph Matthäus (7, 28).
Was hat die Menschen so begeistert, fast verrückt gemacht? Was
hatte Jesus ihnen gesagt? *Eu-angelion* – Evangelium nannten es sei-
ne Anhänger: eine gute Nachricht, eine frohe Botschaft.
Drei Jahre später, so derselbe Berichterstatter, «geriet die ganze
Stadt in Erregung», als Jesus in Jerusalem eintraf. Warum wurde
er dann zwei Tage später umgebracht?
Und könnte das, was er gesagt hat, auch heute – vielleicht nicht die
Welt verändern, aber das Zusammenleben der Menschen und Völ-
ker entscheidend verbessern?
Darüber will ich in diesem Buch berichten.

Erste Überlegungen

Ich maße mir nicht an, zu den 100 000 Büchern über die theologischen Lehrgebäude, die um die Bibel herum 2000 Jahre lang er-
richtet worden sind und in denen Heilsbegriffe wie «Trinität»,
«Gott in zwei Naturen», Transsubstantiation» und «Gottessohn-
schaft», «Rechtfertigungs- und Zwei-Reiche-Lehre», «unbefleckte
Empfängnis» und «Erbsünde» zum für den Laien undurchdringli-

chen Religions-Labyrinth geworden sind, noch eine weitere theologische Schrift hinzuzufügen. «Herders Theologischer Kommentar zum Neuen Testament» umfasst zehn Bände mit ca. 4500 Seiten. Und der evangelisch-katholische Kommentar zum Neuen Testament hat drei dicke Bände allein zum Lukas-Evangelium mit zusammen 1384 Seiten. Wahrscheinlich stünde die Hauptperson des Evangeliums selber vor einem Rätsel, wollte sie sich in diesem Irrgarten theologischer Konstrukte wieder finden. Doch ihre Botschaft ist so glänzend und überzeugend, dass sie nicht von der Theologie erschlagen werden darf.

Aber ist sie denn überhaupt realisierbar? Der Großinquisitor in Dostojewskis gleichnamiger Erzählung hatte den während der Ketzerverfolgung plötzlich in Sevilla leibhaftig erschienenen Jesus gefragt, warum er die Kirche stören wolle. Er ließ Jesus verhaften und machte ihm klar, dass die Menschen nicht in der Lage seien, mit der von Gott geschenkten Freiheit ein Reich der Liebe zu errichten. Dieser Fehler müsse wieder gut gemacht, die Freiheit den Menschen wieder genommen werden. Die Kirche müsse sich selber zu Gott machen und den Millionen von elenden und armen Menschen Brot und Glück verschaffen, indem diese sich ihrer Autorität beugten.

Zwar wissen wir, dass die Inquisition ebenso gescheitert ist wie ihr Konzept in den Pseudo-Kirchen des Nationalsozialismus und Kommunismus. Dennoch: Zeitungen und Fernsehen sind voll von gravierenden Missständen. Flüchtlingselend, Frauendiskriminierung, Ausländerfeindlichkeit, Krieg und militärische Unterdrückung, Rechtlosigkeit, globale Armut, Diskriminierung von Behinderten, Kapitalismus und die Gier nach Geld, Ungerechtigkeit, Machtbesessenheit, religiöser Fundamentalismus, Rassismus, Terrorismus – der Katalog ist noch lange nicht vollständig. Sind also Resignation und Nihilismus die Alternative? Ist nicht auch die Bergpredigt zum Scheitern verurteilt?

Wir haben keine nennenswerte Wahl zwischen dem Großinquisitor und der totalen Verzweiflung. Jesus hat mit seiner Botschaft das Denken revolutioniert, und die Welt hat sich verändert. Sie ist mit Sicherheit noch nicht vollendet. Aber die politische Botschaft des Evangeliums könnte eine Chance sein für eine immer bessere Welt. Dies wird allerdings von vielen bestritten: Jesus sei kein politischer und sozialer Revolutionär gewesen. Erst recht könne man seine sozialkritischen Äußerungen nicht auf die heutige Zeit des Internet und der Globalisierung übertragen.

Doch lässt sich seine Botschaft auf die Theologie reduzieren? Ist sie dann das «Eiapopeia vom Himmel», wie Heinrich Heine kritisiert hat, Opium für die Dummen, die aufs Jenseits vertröstet werden, damit sie sich auf Erden nicht zur Wehr setzen, oder fromme Gebrauchsanweisung für religiös Erweckte, um in den Himmel zu kommen?

Andererseits hat der Papst unlängst behauptet, «dass es keine echte Lösung der sozialen Frage außerhalb des Evangeliums gibt».[1]

Was würde also Jesus heute sagen? Würde er schweigen oder in den Chor einstimmen: «Das Boot ist voll», «Deutschland den Deutschen», «Arbeitslose sind Faulenzer», «Was interessiert uns Tibet?», «Das Recht des Stärkeren»? Was wären seine Antworten auf die Fragen, die uns bewegen?

Die Quellen

Bevor wir uns an die Aufgabe machen, dies herauszufinden, möchte ich zum besseren Verständnis dieses Buches etwas über die vier Männer sagen, die die wichtigsten Berichte über Jesus, die man gemeinhin Evangelien nennt, geschrieben haben: Matthäus, Markus, Lukas und Johannes.

Es gibt auch Zeugnisse außerhalb der Bibel über Jesus und die Christen, so zum Beispiel von den Historikern Plinius, dem Jüngeren, Sueton und Tacitus (55–120 n. Chr). Tacitus, der größte römische Historiker, dessen knappe und exakte Art des Schreibens mitunter die Lateinschüler in Verlegenheit bringt, schildert in seinen Annalen den großen Brand der Stadt Rom, der am 18. Juli 64 n. Chr. im Circus Maximus ausbrach und die ganze Stadt zerstörte. In der Bevölkerung entstand das Gerücht, der Kaiser habe selbst die Brandstiftung begangen, um eine neue Stadt nach seinem Gusto aufbauen zu können. Tacitus fährt nun fort: «Um daher dieses Gerede zu vernichten, gab Nero denen, die wegen ihrer Schandtaten verhasst waren und vom Volk Christianer genannt wurden, die Schuld und belegte sie mit den ausgesuchtesten Strafen. Derjenige, von welchem dieser Name ausgegangen war, Christus, war unter der Regierung des Tiberius vom Prokurator Pontius Pilatus hingerichtet worden, und der für den Augenblick unterdrückte verderbliche Aberglaube brach wieder aus, nicht nur in Judäa, dem Vaterland dieses Unwesens, sondern auch in der Hauptstadt.»[2] Andere Historiker, wie Justin und Tertullian, die im zweiten Jahrhundert nach Christus gelebt hatten, berichten von geheimen Akten über den Prozess gegen Jesus in den kaiserlichen Archiven. Aber von diesen Hinweisen einmal abgesehen, bleiben die Berichte der so genannten vier Evangelisten die wichtigste Grundlage für die Informationen über Jesus.

Markus hat das älteste Evangelium geschrieben und gilt als Mitarbeiter des Apostels Petrus. Matthäus war wahrscheinlich ein griechisch sprechender Jude aus Syrien und benutzte für seinen Bericht das Markusevangelium, das er durch zusätzliche Informationen ergänzte. Lukas war kein Jude, sondern Grieche und von Beruf Arzt. Er stand offensichtlich in enger Beziehung zu dem Apostel Paulus. Johannes darf nach vorherrschender Meinung nicht verwechselt werden mit dem «Lieblingsjünger» von Jesus, auch nicht mit dem Autor der Apokalypse. Die meisten Bibelforscher gehen davon aus, dass Johannes ein Schüler oder jüngerer Vertrauter des «Lieblingsjüngers» ist. Dieser hat wahrscheinlich auch die drei Johannesbriefe geschrieben, die ebenfalls zum Neuen Testament gehören.

Alle vier Evangelisten haben Jesus persönlich nicht gekannt. Die jesuanische Botschaft wurde, wie auch sonst im Altertum bis ins weite Mittelalter hinein, mündlich weitergegeben. Die vier Männer fassten die Berichte, die ihnen zugänglich waren, zusammen. Man könnte sie auch Schlussredakteure von Schriften nennen, deren Inhalt aus verschiedenen Quellen stammte.

Für die Darstellung des «Politischen» der Botschaft sind drei Anmerkungen notwendig und wichtig.

Erstens: Die Evangelisten haben keine exakte Biographie geschrieben. Ihr Anliegen war die Verkündigung des Eu-angelion.

Zweitens: Die Evangelien wurden erst geschrieben und in der Endredaktion zusammengefasst, nachdem Jerusalem im Jahre 70 n. Chr. zerstört, der Tempel abgebrannt, das Judenvolk besiegt und als aufrührerische Minderheit, ständiger Unruheherd und revolutionäre Zelle im Kaiserreich angeprangert und verpönt war. Infolgedessen versuchten die biblischen Redakteure dieser veränderten Situation journalistisch gerecht zu werden. Sie unternahmen erkennbar den Versuch, den Juden die Schuld am Tode von Jesus in die Schuhe zu schieben, um gleichzeitig Pilatus, den römischen Prokurator, zu entlasten. Einen jüdischen Messias zu predigen, der als Umstürzler ans Kreuz genagelt worden war, hätte die junge Gemeinde politisch existenziell gefährdet.

Es scheint auch so zu sein, dass die Evangelisten 40 Jahre nach dessen Tod beim Auf- und Zusammenschreiben dessen, was man ihnen berichtet hat, viele Geschichten z. B. über die Wunder kritiklos von ihren Informanten übernommen oder im Nachhinein hinzugedichtet haben, um den Glauben an Jesus zu untermauern, seine Gegner ins Unrecht zu setzen oder bestimmte religiöse Aussagen zu verdeutlichen. Die Berichterstatter der damaligen Zeit fühlten sich nicht den journalistischen Grundsätzen des deutschen Presserates verpflichtet, sondern fanden mit bestem Gewissen nichts dabei, ihre Storys mit Erzählungen auszuschmücken, die zur eigentlichen Geschichte passten.

So gibt Jesus – laut Johannes – dem Lazarus das Leben, weil «Jesus das Leben» ist, dem Blindgeborenen das Licht der Augen, weil «Jesus das Licht der Welt» ist, den tausend Menschen das Brot und den Wein, weil «Jesus das Brot des Lebens» und «der wahre Weinstock» ist. Für die politische Bewertung wird es deshalb darauf ankommen, jenseits von allem propagandistischen Beiwerk den eigentlichen Inhalt der Botschaft darzustellen.

Die dritte Anmerkung bezieht sich auf die Sprache. Der deutsche Text, den wir lesen, ist sozusagen die dritte Übersetzung des Urtextes vom Aramäisch-Hebräischen ins Griechische, von dort ins Lateinische und dann durch Luther ins Deutsche. Es ist klar, dass auf diesem Wege eine Fülle von Missverständnissen, eigenwilligen Interpretationen, Übersetzungsfehlern, ja sogar richtigen Irrtümern entstanden sind.

Gerade für die politische Botschaft ist es aber besonders wichtig, herauszufinden, was Jesus wirklich, also in seiner Muttersprache, dem Aramäisch-Hebräischen, gesagt hat. Ein unverzichtbarer Helfer ist dabei Pinchas Lapide, der große jüdische Bibelforscher, der den griechischen Urtext der Evangelisten an den kritischen Stellen in das Hebräische zurückübersetzt hat.[3]

Die Wunder

Das Vorhaben, Jesus in die heutige Wirklichkeit zu versetzen, könnte an den Wundern scheitern, die er angeblich oder tatsächlich gewirkt hat. Wer Wunder für Hirngespinste oder liebevoll erfundene Märchen hält, wird möglicher- und konsequenterweise auch die Botschaft eines solchen Wunderheilands nicht mehr ernst nehmen. Wenn man den vier Evangelisten Matthäus, Markus, Lukas und Johannes glauben soll, wurde er von einer Jungfrau geboren, wandelte auf dem Wasser, machte aus sieben Broten 4000, weckte drei Tote auf, heilte Aussätzige und Blinde durch einfachen Hautkontakt und bewirkte, dass von Geburt an Gelähmte auf ein Wort hin sofort gehen konnten. Und dass er die Dämonen, die er einigen Menschen austrieb, in eine unschuldige Schweineherde fahren ließ, die sich dann kopfüber in den See Genezareth stürzte, hat Tierschützer schon immer empört und nicht wenige Landwirte befremdet.

Das Christentum ist kein Mysterienkult, «der sich im Nachhinein seinen Mythos erdichtet hat».[4] Die Botschaft geht von einem konkreten geschichtlichen Menschen aus, dem Jeschua Ben Josef, Sohn jüdischer Eltern, am 8. Tage beschnitten, später Toralehrer in Galiläa und Judäa, als Rabbi beim Volk hoch angesehen, Schöpfer einer gewaltigen Lehre und Volksbewegung, der im Alter von etwa 33 Jahren als «König der Juden» gemäß «titulus» der vorgeschriebenen Inschrift am Kreuz von Römern hingerichtet wurde.

Seine Lehre entstand in einer Welt, die erfüllt war vom Glauben an magische Kräfte, an Zauberei und Wundertaten. Für die Jünger und Anhänger war Jesus der Sohn Gottes. Alle Herrscher der damaligen Welt wirkten Wunder. Warum sollten die Christen ihrem «Gott» diese Gabe absprechen?[5]

Ich weiß, dass viele Theologen und die Lehrämter der Kirchen davon ausgehen, Jesus habe tatsächlich dem Sturm geboten, Krüppel geheilt, mit wenigen Broten Tausende gesättigt, Tote erweckt und sei selber vom Grab auferstanden: Zeichen der hereinbrechenden Gottesherrschaft.

Ich will in diesem Buch nichts über diese theologischen Inhalte der christlichen Religion schreiben, es sei denn, sie haben eine Bedeutung für das Politische. Viele Menschen wollen auf ihre Probleme nicht nur soziale und politische Antworten haben, sondern glücklich und erlöst sein, weil sie an Gott glauben. Ich konzentriere mich auf die politisch relevanten Aussagen.

Die Wunder sind nicht der Kern der Botschaft. Sie sind Begleitung, Beiwerk. Deshalb können wir sie für die Frage, was Jesus uns heute politisch zu sagen hat, getrost beiseite lassen. Und wenn der erste und wichtigste Theologe, der Jude und Römer Paulus, in dessen Briefen, die jünger sind als die um 70 n. Chr. herum geschriebenen Evangelien, Wunder überhaupt nicht vorkommen, dennoch erklärt, das Evangelium stehe und falle mit der Auferstehung Jesu, so brauchen wir uns davon auch nicht irritieren zu lassen, denn die politische Botschaft war schon da, bevor Maria von Magdala das leere Grab entdeckte.[6] Jesus selber hat Wunder zum Beweis der Wahrheit seiner Botschaft abgelehnt.

Wenn ihr nicht Zeichen und Wunder seht, glaubt ihr nicht,

rügt er die Leute (Joh 4, 48). Als die Pharisäer kamen und von ihm ein Zeichen vom Himmel verlangten, lehnte er das kategorisch ab (Mk 8, 12).

Die politische Lage in Palästina

Wie waren nun die politischen und religiösen Verhältnisse in Palästina vor 2000 Jahren? In der Zeit, als Jesus lebte, war Palästina eine Unterprovinz Syriens und von den Römern besetzt. Als er geboren wurde, war der Gouverneur von Syrien der in vielen historischen Quellen, auch im Lukas-Evangelium, belegte Cyrenius oder Quirinus. Sein Vorgänger war übrigens Quintilius Varus, dessen Legionen im Jahre 9 nach Christus im Teutoburger Wald von Armin dem Cherusker vernichtend geschlagen worden waren. «Vare redde legiones – Varus, gib mir meine Legionen wieder!», soll der in Rom herrschende Kaiser Augustus bei der Nachricht von der verheerenden Niederlage ausgerufen haben.

Palästina war nach dem Tode des Königs Herodes des Großen

im Jahre 4 n. Chr. in vier Regierungsbezirke aufgeteilt worden: Judäa mit Jerusalem, Samaria, Galiläa und östlich des Jordan Peräa, das Gebiet der so genannten Dekapolis, der zehn Städte, wozu auch die Berge östlich des Sees Genezareth gehörten, die heute als Golan-Höhen eine Schlüsselrolle im Palästinakonflikt spielen.

Der oberste römische Verwaltungsbeamte für Judäa war ein Prokurator, dessen unmittelbarer Vorgesetzter der Statthalter von Syrien mit Sitz in Damaskus war. Die Residenz des Prokurators befand sich in Caesarea Maritima, nicht in Jerusalem, wo lediglich eine Garnison auf der Burg Antonia stationiert war; sie sollte bei dem Prozess gegen Jesus noch eine Rolle spielen. Im Jahre 26 n. Chr. ernannte der Gouverneur Vitellius einen Mann zum Prokurator, der es sich nicht hätte träumen lassen, einmal als einer der bekanntesten Menschen in die Weltgeschichte einzugehen: Pontius Pilatus. Die Römer übten damals in Palästina eine Schrekkensherrschaft aus. Aufstände waren seit Jahrzehnten an der Tagesordnung, und der jüdische Geschichtsschreiber Josephus Flavius berichtet von ständigen Massenkreuzigungen jüdischer Widerstandskämpfer[7], deren Anführer jeweils für sich in Anspruch nahmen, der Messias zu sein, der aus dem Königshaus David stammen musste und Israel von der Fremdherrschaft befreien sollte.

Das ganze Volk der Juden wartete damals auf den Messias. Bestimmte Gruppen und Parteien spielten in diesem aufgewühlten Klima eine besondere Rolle. Die radikalsten Widerstandskämpfer waren die Zeloten, unter denen die Sikarier, d. h. die Dolchmänner, besonders berühmt waren und die auch in der Apostelgeschichte bei der Verhaftung des Paulus erwähnt werden (Apg 21, 38).

Pharisäer und Sadduzäer

Die wichtigsten Parteien waren aber die Pharisäer und die Sadduzäer, die das geistige und politische Leben bestimmten und beherrschten. Zu den Sadduzäern gehörten die Hohen Priester und die einflussreichen adligen Familien. Es handelte sich um eine aristokratische Minderheit mit einem harten Strafkodex, aber einer liberalen Theologie: Sie leugneten die Vorherbestimmung, die Unsterblichkeit der Seele und die Wiederauferstehung.

Als der Hellenismus im 3. Jahrhundert v. Chr. mit seiner Kunst, Literatur und seinem Körperkult auch im jüdischen Volk Einfluss gewann, schlossen sich die «Frommen» zu einer eigenen Partei zusammen, die die reine Lehre, das Gesetz und die Tradition gegen den griechischen Sittenverfall schützen wollten. Sie nannten sich Pharisäer, «die Abgesonderten». Sie waren, was das Strafrecht betraf, menschenfreundlicher als die Sadduzäer, aber in der Theologie religiöse Fundamentalisten, Skrupulanten und Rigoristen. «Ihre Losung war die strengste Befolgung des Gesetzes und ihr äußerliches Merkmal der völlige Abschluss von allem nichtjüdischen, allem griechischen Wesen, aller Unreinheit, aller Berührung mit den Heiden, Zöllnern, Sündern und Gesetzlosen.»[8]

Ihre Aufgabe war, das Gesetz, die Tora, zu erklären. Sie war aber hebräisch geschrieben, und das Volk sprach und verstand nur Aramäisch, einen hebräischen Dialekt. So bildete sich ein neuer Stand heraus: der Stand der Schriftgelehrten und Gesetzeslehrer. Sie kamen aus allen Berufsgruppen des Bürgertums und des Mittelstandes, es waren Kaufleute, Wein- und Ölhändler, Handwerker, ja sogar Holzfäller und Tagelöhner. Vor der Ordination als Schriftgelehrte mussten sie ein mehrjähriges Studium absolvieren, das sich hauptsächlich um drei Punkte drehte: die Sabbatruhe, den Zehnten und die gesetzliche Reinheit. Ihre Worte besaßen absolute Autorität.[9]

Die Pharisäer waren zweifellos treue gläubige fromme Juden.

Sie wachten über die Reinheit der Tora, des Alten Testaments, und waren auch ständig bereit, mit Andersdenkenden zu diskutieren. So gab es auch viele Streitpunkte mit Jesus. Aber sie waren nicht die eigentlichen Treiber gegen Jesus, und dass die Evangelisten die Pharisäer in das Todeskomplott gegen ihn mit einbezogen, lag, wie wir gesehen haben, im allgemeinen Trend, die Juden insgesamt zu den Schuldigen am Tod Jesu zu erklären.

Die eigentlichen Gegner waren die Sadduzäer, eine absolute Minderheit von 34 reichen Familien, die mit den Römern verbunden waren. Aus ihren Reihen hatten die Römer den Hohen Priester eingesetzt. Sie fürchteten jede Unruhe, auch die, die von Jesus ausging, da sie in ihrem Reichtum und in ihrer Macht vom Wohlwollen der Römer abhängig waren.

2.
Die gute Nachricht und die frohe Botschaft

Jeschua

Dieses Buch könnte das Skript eines Films sein, der gedreht werden müsste, wenn der Hauptdarsteller, der vor 2000 Jahren gelebt hat und mit 33 Jahren umgebracht wurde, heute in der UNO, im Fernsehen, auf Demos und im Internet auftreten würde, um sich in die Politik und die Wirtschaft einzumischen. Der Mann heißt Jeschua, wie ihn seine Eltern vermutlich in der aramäisch-hebräischen Muttersprache gerufen haben. Jeschua Ben Josef, nicht Jesus, wie er in den griechisch geschriebenen Geschichten seiner späteren Anhänger genannt wurde. Zwei Milliarden Mitglieder zählen inzwischen die nach ihm benannten Religionsgemeinschaften, Tausende von Gebäuden mit hohen und höchsten Türmen, Dome, Kathedralen, Münster sind ihm geweiht, und Hunderttausende sind für seine Ideen in den Tod gegangen. Jeschua heißt auf Deutsch:

Er wird erlösen. (Mt 1, 21)

Aber sind die zwei Milliarden wirklich erlöst? Ganz zu schweigen von den restlichen vier Milliarden Menschen, die als Muslime, Hindus, Buddhisten, Atheisten die Erde bevölkern? Und wovon erlöst? Von der römischen Besatzung, von der Sünde, von Armut und Elend? Und vor allem: Warum wurde er umgebracht? Und wer steckte wirklich hinter dieser Hinrichtung, wie man seinen Tod heute nennen kann?

Hintergründe des Dramas

Um die dramatische Entwicklung der letzten 2 ¹/₂ Lebensjahre des Jeschua, den wir ab jetzt Jesus nennen wollen, vom äußeren Ablauf zu verstehen, müssen wir noch einmal auf den Bericht des Matthäus über die Reaktion des Publikums auf seine ersten Reden zurückkommen: Im griechischen Urtext lautet die Passage: *Kai egeneto hote etelesen ho Jesous tous logous toutous exeplaessonto hoi ochloi* (Mt 7, 28).

In der Einheitsübersetzung der katholischen und evangelischen Kirche Deutschlands «Die Bibel» wird der Satz wie folgt wiedergegeben: Als Jesus diese Rede beendet hatte, war die Menge *sehr betroffen* von seiner Lehre. Beim Kirchenlehrer Hieronymus heißt es in der lateinischen Bibelübersetzung, genannt «Vulgata»: *admirabantur turbae*, also «die Menge wunderte sich». Harmloser kann man nicht übersetzen. *Ekplaessomai* heißt wörtlich: «herausgeschlagen werden», oder im Mediativ: «außer sich geraten». Dieses Zeitwort wird noch an anderen Stellen verwendet. Zum Beispiel, als Jesus im Tempel die Tische der Geldwechsler umgestürzt hatte und dies den Hohen Priestern, also den Sadduzäern, gemeldet wurde:

Daraufhin suchten sie eine Gelegenheit, ihn umzubringen. Denn sie fürchteten ihn, weil die ganze Menge außer sich geriet wegen seiner Lehre. (Mk 11, 18)

Den Vorsatz, einen anderen zu töten, fasst man in der Regel nicht, wenn die Leute nur betroffen oder verwundert sind.

Schon sehr früh wollten sie ihn töten. Einmal erzählte er die Geschichte von einem Weingutsbesitzer, dessen Winzer seinen Sohn getötet hatten, und zitierte den 118. Psalm:

Der Stein, den die Bauarbeiter verworfen haben, ist zum Eckstein geworden. (Mk 12, 10)

Da die Schriftgelehrten annahmen, Jesus hätte mit den Winzern und den Bauleuten sie gemeint, wollten sie ihn schon wegen dieser Anspielungen verhaften lassen. Es gelang ihm aber, im Volk unterzutauchen, weil es auf seiner Seite war. Dasselbe passierte kurz vor dem Passahfest, als er im Tempel redete und schon am frühen Morgen der Tempelhof überfüllt war. Da die Hohen Priester einen Aufruhr im Volk fürchteten, wollten sie ihn möglichst nicht auf dem Fest, sondern unauffällig beseitigen, wussten aber noch nicht, wie, bis sie auf die Idee kamen, einen aus seiner eigenen Umgebung zu bestechen, nämlich Judas Iskariot, um von ihm eine günstige Gelegenheit zu erfahren. (Lk 22,1f.)

Ob Judas Jesus tatsächlich verraten hat, wird zunehmend bestritten. Denn was soll das für ein Verrat sein, wenn der Verratene selber will, dass er verraten wird? Zu diesem Thema kommen wir noch später. Im Moment ist die Frage wichtig, was denn das Volk so begeistert hatte und warum andererseits die politische und religiöse Führung in Jerusalem ihn von Anfang an verfolgte.

Sechs Monate vorher während des Laubhüttenfestes war es zu einem Skandal gekommen, an dessen Ende Jesus Hals über Kopf flüchten musste. Das Laubhüttenfest hat bei den Juden eine doppelte Bedeutung: Einmal galt es der Erinnerung an den Zug durch die Wüste, und zum anderen war es ein Wein- und Erntedankfest. Es wurde ein halbes Jahr nach dem Osterfest gefeiert und dauerte eine ganze Woche. Von den drei großen Jahresfesten, die mit einer Wallfahrt verbunden waren, war es das fröhlichste und beliebteste Fest. Die Leute wohnten im Freien und bauten sich Hütten aus Zweigen überall, wo Platz war, also auf den Plätzen, Terrassen und Hausdächern. Abends gab es im Tempel eine festliche Beleuchtung und in den Vorhöfen Tanz im Schein der Fackeln; es tanzten aber nur Männer; Leviten, d. h. Tempeldiener machten die Musik dazu.[10]

Die Hälfte des Festes war schon vorbei, als Jesus plötzlich im Tempel auftrat und eine Rede hielt. Wie schon früher entstand sofort eine Debatte darüber, ob Jesus überhaupt eine theologische Prüfung abgelegt hatte, die ihn berechtigte, im Tempel zu reden und die Schrift auszulegen. Es war inzwischen auch bekannt geworden, dass der Hohe Rat ihn töten lassen wollte. Und nun trat er in aller Öffentlichkeit auf, sodass einige annahmen, der Hohe Rat habe seine Meinung geändert und erkannt, dass Jesus der Messias sei. Dem wurde mit dem Argument widersprochen, Jesus sei ja ein Galiläer, und aus Galiläa komme nichts Gutes, schon gar nicht ein Prophet.

So ging die Rederei hin und her, und die Streitereien wurden der Obrigkeit gemeldet. Diese setzte die Tempelpolizei in Marsch, um ihn zu verhaften, was ihr aber nicht gelang, weil Jesus wiederum in der Menge verschwand.

Dann kam der letzte Tag des Festes. An ihm war es den Israeliten gestattet – es war das einzige Mal im ganzen Jahr –, den Priestervorhof zwischen Tempelhaus und Altar zu betreten. In feierlicher Prozession zogen die Männer sieben Mal um den mit Weiden umstellten Altar und erbaten von Gott Regen für das trockene Land. Während dieser Prozession goss der Hohe Priester mit erhobener Hand das Wasser auf den Altar, das er bei Sonnenaufgang aus dem Teich Schiloach geschöpft hatte.[11]

Plötzlich tauchte Jesus wieder auf, stellte sich hin und rief in die Versammlung hinein: «Wenn ihr Durst habt, dann müsst ihr zu mir kommen.» Er meinte natürlich den Durst nach Wahrheit. Aber die Hohen Priester empfanden dieses Dazwischenreden offenbar als eine grobe Störung der Liturgie und gaben der Tempelpolizei noch einmal den Befehl, ihn zu verhaften. Nach einiger Zeit kam die Polizei zurück, allerdings ohne Jesus.

Auf die Frage, «Warum habt ihr ihn denn nicht hergebracht?», antworteten die Polizisten: «Wir haben ihn gehört. Noch nie hat ein Mensch so gesprochen. Wir haben es nicht gewagt, ihn anzufassen.» (Joh 7, 37–48)

Einige Pharisäer und die Schriftgelehrten gingen unter wüsten Beschimpfungen der Leute und der Polizei auseinander. Nur einer, das Ratsmitglied Nikodemus, wagte zu widersprechen. Worauf er sich die Frage gefallen lassen musste, ob er etwa auch aus Galiläa komme.

Also auch hier wieder: die Erregung, die Erschütterung über seine Worte. «Noch nie hat einer so eine Rede gehalten.»

Als ihm am See Genezareth gleich am Anfang die Leute massenweise nachliefen, wollten ihn sogar seine eigenen Familienangehörigen fangen und mit Gewalt aus dem Verkehr ziehen, weil sie glaubten, er sei verrückt geworden (Mk 3, 20–21). Die Schriftgelehrten, die von Jerusalem an den See gekommen waren, behaupteten, er sei pervers. Sie sagten: Er ist vom Teufel besessen.

Es muss also etwas Neues, etwas Großartiges, etwas Umwerfendes gewesen sein – anders ist die Reaktion der Leute nicht zu erklären.

Metanoeite

Was war es, das die Menschen so beeindruckt hat? Es ist interessant, noch einmal zu rekapitulieren, zu welchem Zeitpunkt die ganze Volksbewegung entstand. Es ging drei Jahre vorher los, nachdem der Wüstenprediger Johannes, der am Jordan begonnen hatte zu taufen, von der Polizei des Königs Herodes verhaftet worden war. Was Johannes in seinen Predigten von sich gegeben hatte, war keine Süßholzraspelei. Er nannte die herrschende Klasse der Sadduzäer und Pharisäer eine Schlangenbrut und drohte ihnen das Gericht Gottes an. Sein ganzes Auftreten war eine Provokation. Er aß Heuschrecken und wilden Honig (Joh 3, 1–12), heute eine Delikatesse für die Schickeria in Nairobi, und trug einen Kamelhaarmantel mit einem ledernen Gürtel: heute ebenfalls das Feinste vom Feinen, aber damals offenbar kein Zeichen von Reichtum. Der Mann von Welt der damaligen Zeit kleidete sich in feines Linnen.

Jedenfalls stand Johannes in der Tradition der früheren Propheten, die ebenfalls am Jordan gepredigt hatten. Jesus war von ihm in seinen Predigten schon angekündigt und auch getauft worden.

Als Jesus hörte, dass Johannes im Gefängnis war, begann er seine Reden mit einem einzigen Wort: Er rief den Menschen, die in großen Scharen zu ihm an den Jordan gekommen waren, zu:

Metanoeite. (Mt 4, 17)

Es ist ein Wort, das später in der Kirchengeschichte absichtlich falsch übersetzt und interpretiert worden ist. Die evangelischen Christen beschäftigen sich mit diesem Satz am Buß- und Bettag, die katholischen Christen am Aschermittwoch, wenn den Leuten gesagt wird: «Tuet Buße.» Das soll das Wort gewesen sein, das Jesus am Jordan den Menschen zugerufen hatte.

In Wirklichkeit heißt das etwas ganz anderes. *Metanoeite* kommt von dem griechischen Wort *noein* = denken. Meta ist eine Präposition und heißt «um» oder «nach». Was Jesus den Leuten gesagt hat, war also: «Denket um.» Ihr sollt umdenken, anders denken als das, was damals gedacht worden ist. Hieronymus, der uns öfter als fahrlässiger Falsch-Übersetzer begegnet, hat dieses *metanoeite* übersetzt mit «poenitentiam agite», woraus bei Luther dann konsequenterweise der Satz wurde: Tuet Buße.

Durch diese Übersetzung sind Generationen von Christen aufs falsche Gleis gesetzt worden, laufen schuldbewusst herum, sündenbeladen, demütig, mit dem Kopf fast am Boden. Als ob die Buße für die Sünden die zentrale Botschaft des Evangeliums gewesen wäre. Deswegen hätten die Scharen nicht außer sich geraten müssen, denn das hatten sie schon von den früheren Propheten allzu oft gehört, es war auch der Inhalt der meisten Predigten, die sie im Tempel zu Jerusalem über sich ergehen lassen mussten.

Die politische Botschaft

Die Evangelisten berichten übereinstimmend, dass die so genannte Bergpredigt der Auslöser für die Erregung und Begeisterung war, die die Menschen erfasst hatten. Was war das Umwerfende an dieser Rede? Inwiefern sollten die Leute umdenken? Es war eine Rede, die alles auf den Kopf stellte, was bis dahin in Staat und Gesellschaft Geltung hatte, und die eine radikal neue Ordnung des Zusammenlebens der Menschen schaffen wollte. Sie war für die Zeitgenossen ein unfasslicher Skandal.[12]

Zunächst stellte Jesus die Ordnung der Werte auf den Kopf:

Er sagte:
Selig, die arm sind vor Gott;
(denn ihnen gehört das Himmelreich.)
Selig, die Trauernden;
(denn sie werden getröstet werden.)
Selig, die keine Gewalt anwenden;
(denn sie werden das Land erben.)
Selig, die hungern und dürsten nach der Gerechtigkeit;
(denn sie werden satt werden.)
Selig, die Barmherzigen;
(denn sie werden Erbarmen finden.)
Selig, die ein reines Herz haben;
(denn sie werden Gott schauen.)
Selig, die Frieden stiften;
(denn sie werden Söhne Gottes genannt werden.)
Selig, die um der Gerechtigkeit willen verfolgt werden;
(denn ihnen gehört das Himmelreich.) (Mt 5, 1–10)

Mit anderen Worten heißt das: Euer Glück und eure Würde sind unantastbar, denn sie sind in Gott verankert. Und: Nicht der ist ein glücklicher und guter Mensch, der Ansehen hat, unfähig ist zu trauern, stärker ist als andere, Geld besitzt, Macht hat, über Rang und Titel verfügt, für seine Ziele über Leichen geht. Gerade umgekehrt ist es richtig. So würden wir es vielleicht heute formulieren: Selig sind, die sich nicht überheben, die Mitleid haben mit Unglücklichen, die sich für Gerechtigkeit einsetzen, die für den Frieden arbeiten, die barmherzig sind.

Aber das war noch nicht alles. Die eigentliche Sensation sollte erst noch kommen:

Ihr habt gehört, dass gesagt worden ist, du sollst deinen Nächsten lieben und deinen Feind hassen. Ich aber sage euch: Liebt eure Feinde und betet für die, die euch verfolgen. (Mt 5, 43-47)[13]

Liebt eure Feinde! – Jesus schlägt in dieselbe Kerbe, wenn er sein Urteil über die fällt, die mit Worten verletzen und töten:

Ihr habt gehört, dass zu den Alten gesagt worden ist: Du sollst nicht töten. Wer aber jemand tötet, der soll dem Gericht verfallen sein.
Ich aber sage euch: Jeder, der seinem Bruder auch nur zürnt, soll dem Gericht verfallen; und wer zu seinem Bruder sagt: Du Dummkopf! soll vor den Hohen Rat kommen; wer aber zu ihm sagt: Du Narr (gottloser Narr!) soll dem Feuer der Hölle verfallen.

Wenn du deine Opfergabe zum Altar bringst und dir dabei einfällt, dass dein Bruder etwas gegen dich hat, so lass deine Gabe dort vor dem Altar liegen; geh und versöhne dich zuerst mit deinem Bruder, dann komm und opfere deine Gabe. (Mt 5, 21-24)

Das war eine unvergleichliche moralische Innovation, eine noch nie da gewesene neue Lehre, ein Fanal, das Zeichen, dem – wie der alte Simeon voraussagen wird – widersprochen werden sollte. Das war eine Kampfansage an das bisherige menschliche Denken und Handeln.

Manche Gruppen wollten das messianische Reich durch militärische Aktionen vorbereiten. Andere erwarteten die Apokalypse. Johannes der Täufer etwa rief die Menschen zu Gerechtigkeit und zum Umdenken auf und kündigte ein unerbittliches Gericht an. Auch für Jesus steht im Mittelpunkt seiner Botschaft das Kommen des Reiches Gottes, aber nicht als Resultat von Gewalt, sondern als Ergebnis der Liebe.

Das Bild vom Menschen

Keine Aussage hat die Welt so revolutioniert, war aber auch so umstritten, wie die Aufforderung, den Feind zu lieben und eine neue Weltordnung zu begründen, in deren Mittelpunkt der Mensch steht. Die Würde des Menschen ist in Gott verankert («selig sind»), unabhängig von seinem sozialen und rechtlichen Status. Nimmt man sein Verhalten und seine Aussagen gegenüber Frauen, «Fremden», Samaritern (Abtrünnigen), Armen, Kranken, Feinden (Zöllnern und Römern), Behinderten hinzu, ergibt sich ein klares Bild vom Menschen, wie Jesus ihn sieht. Dieses jesuanische Menschenbild hat eine explosive politische Bedeutung. Die Vorstellung dieses Menschenbildes war der erste revolutionäre Akt.

Nietzsche hat diese Botschaft aus seiner Sicht ganz richtig gedeutet, wenn er sie als «Sklavenaufstand in der Moral» beschreibt: «Die Juden (Jesus war ein Jude) sind es gewesen, die gegen die aristokratische Werthgleichung (gut = vornehm = mächtig = schön = glücklich = gottgeliebt) mit einer furchteinflößenden Folgerichtigkeit die Umkehr gewagt (...) und festgehalten haben, nämlich: Die Elenden sind allein die Guten, die Armen, Ohnmächtigen, Niedrigen sind allein die Guten, die Leidenden, Entbehrenden, Kranken, Hässlichen sind auch die einzig Frommen, die einzig Gottseligen, für sie allein gibt es Seligkeit.»[14]

Dieses Bild vom Menschen unterscheidet sich radikal von dem, das die Philosophien des Altertums oder die das 20. Jahrhundert beherrschenden Ideologien vom Menschen gezeichnet haben. Die Kategorisierung des Menschen nach Klasse, Rasse, Nation, Religion, Geschlecht war die Ursache für die schlimmsten Verbrechen, die in der Menschheitsgeschichte begangen worden sind.

Das Menschenbild, das Jesus vorstellt, ist vollkommen anders; es ist das genaue Gegenteil. Der Mensch, wie er geht und steht, ist der eigentliche Mensch, unabhängig davon, ob er jung oder alt ist, Mann oder Frau, gesund oder krank, voll leistungsfähig oder behindert, aber auch unabhängig davon, ob er Römer oder Jude, Weißer oder Schwarzer, Grieche oder Perser ist. Dieses Menschenbild setzt Jesus gegen die Herrenmoral der Römer, gegen den Nationalismus der Juden, und es steht gegen die Diskriminierung der Frauen und der Minderheiten. Es hat unmittelbare und meist unbequeme Konsequenzen für die praktische Politik.

Der Mensch ist ein Sozialwesen. Er kann ohne andere Menschen nicht leben. Sogar Hans-Olaf Henkel, früherer Präsident des Bundesverbandes der Deutschen Industrie und berühmter Sozialabbauspezialist, hat sich nach seiner Geburt nicht selber gefüttert, sondern war auf die Mitwirkung anderer Menschen angewiesen, um überleben zu können. So ist es bis auf den heutigen Tag geblieben.

In einem modernen Industriestaat zeigt sich Nächstenliebe nicht mehr allein in Lazaretten und warmen Suppen. Für 80 Millionen Menschen sind auch soziale Sicherungssysteme nötig, Absicherung der Lebensrisiken wie Alter, Krankheit, Unfall, Arbeitslosigkeit, Pflegebedürftigkeit und ein soziales Arbeitsrecht mit Kündigungsschutz.

Dieses Menschenbild ist ein großes Versprechen, das auch eingelöst werden muss, wenn es um das Sterben auf der Intensivstation geht, um die Organtransplantation, den Schutz des ungeborenen Kindes, die Durchsetzung der sozialen und personalen Menschenrechte, die soziale Bindung einer Wettbewerbswirtschaft, die Grenzen der Gen- und Biotechnologie oder das Zusammenleben von Deutschen und Türken, Christen und Juden, Weißen und Schwarzen, Albanern und Serben, Muslimen und Hindus.

Der Kern der Botschaft

Die Forderung der Nächsten- und Feindesliebe ist neben dem neuen Bild vom Menschen der revolutionäre Kern der evangelischen Botschaft. Sie lässt fast alles hinter sich, was bis dahin in der griechischen Philosophie und den Religionen des Altertums über die Beziehungen der Menschen untereinander gesagt worden war.

Sie stand im Gegensatz zur griechischen und römischen Religion und zur politischen Praxis der Römer. Auch wenn es übertrieben und überzogen klingen mag: Sie bewirkte langfristig den Umsturz der politischen Machtverhältnisse im Römischen Reich. Dass die aus seiner Botschaft hervorgegangene Religion des Christentums anschließend über Jahrhunderte hinweg selber zur Staatsreligion wurde und andere Menschen unterdrückte, stand in krassem Gegensatz zu dem, was Jesus wollte, nämlich der in Gott verankerten Würde jedes Menschen, den daraus resultierenden Menschenrechten und der Liebe zum Nächsten über alle Grenzen der Welt hinweg.

In den letzten Tagen vor seiner Hinrichtung geriet Jesus im Tempel in heftige Auseinandersetzungen mit den Sadduzäern über die Auferstehung. Als die Pharisäer hörten, so berichten Markus und Matthäus, dass Jesus die Sadduzäer zum Schweigen gebracht hatte, probierte es einer ihrer Schriftgelehrten selber und fragte Jesus:

Welches Gebot im Gesetz ist das erste von allen? (Mk 12, 28; Mt 22, 34)

Du sollst den Herrn, deinen Gott, lieben, erwiderte Jesus, mit ganzem Herzen und ganzer Seele, mit all deinen Gedanken und all deiner Kraft.

Und dann wiederholt er die Bergpredigt: *Als Zweites kommt hinzu: du sollst deinen Nächsten lieben wie dich selbst. Kein anderes Gebot ist größer als diese beiden.* (Mk 12, 28–31)

Die Gebote der Nächstenliebe und der Gottesliebe waren in den Büchern Moses noch getrennt. Die Gottesliebe steht in dem Buch Deuteronomium (Dt 6, 4) und die Forderung der Nächstenliebe im Leviticus (Lev 19, 18).

Aber nun macht Jesus drei große Schritte über das Alte Testament hinaus:

Er erhöht das Gebot der Nächstenliebe auf die Ebene des Gebots, Gott zu lieben:

Kein Gebot ist höher als diese beiden. (Mk 12, 31)

Der zweite Schritt besteht in der Radikalisierung der Botschaft:

Liebet eure Feinde.

Der dritte Schritt führt die Gottes- und Nächstenliebe zu einer unauflöslichen Einheit zusammen: Gottes- und Nächstenliebe stehen in einem kausalen Zusammenhang: Beides geht nur zusammen.

Die Spontis der 60er und 70er Jahre waren nicht nur bekannt als Straßenkämpfer und Hausbesetzer, sondern vor allem auch wegen ihrer flotten Sprüche berühmt. Diese Sprüche gibt es in Buchform, in fünf Bändchen zusammengefasst. In einem davon mit dem Titel «Lieber intim als in petto» steht zwischen Sätzen wie «Wer tagelang ohne Getränke auskommt, ist ein Kamel» und «Wer nachts in einem Flussbett pennt, am Morgen nass nach Hause rennt» plötzlich: «Wer seinen Bruder nicht liebt, den er sieht, wie kann er Gott lieben, den er nicht sieht?»

Diese Erleuchtung stammt nicht vom jüngeren Joschka Fischer, sondern steht in der Bibel: genauer gesagt im Ersten Brief des Johannes 4, 20–21:

Wenn jemand sagt, ich liebe Gott, aber seinen Bruder hasst, dann ist er ein Lügner. Denn wer seinen Bruder nicht liebt, den er sieht, wie kann er dann Gott lieben, den er nicht sieht? (1 Joh 4, 20)

Ich will nicht daran zweifeln, dass die meisten Spontis das Alter des Spruchs und seine Quelle kannten. Er bringt die dritte Veränderung, die Jesus mit dem Liebesgebot vorgenommen hat, auf den Punkt: Die ganze Gottesliebe ist nichts wert, wenn sie nicht begleitet wird von der Nächstenliebe. Oder andersherum gesagt: Es hat keinen Sinn, jeden Sonntag in die Kirche zu rennen und fromm zu sein und werktags sich die Mäuler zu zerreißen über Asylbewerber, Strafgefangene und Sozialhilfeempfänger.

Wer ist der Nächste?

Sofort ergibt sich die Frage, wer ist Bruder und Schwester, wer ist der Nächste? Bei Moses ist der Nächste der Volks- und Glaubensgenosse einschließlich derer, die Gastrecht genießen. Meinte Jesus etwas anderes? Diese Frage interessierte auch die Pharisäer, und einer fragte ihn,

Kannst du uns sagen, wer ist denn mein Nächster? (Lk 10, 25–37)

Wenn man von Jerusalem nach Jericho will, führt der Weg durch das Wadi el-Kelt ins Gebirge. Jericho liegt 250 m unter dem Meer. Man musste also ungefähr 1200 m absteigen, bevor man in Jericho ankam. Der steile Passweg, die so genannte Adummin-Steige, auf dem einst David vor seinem revoltierenden Sohn Abschalom geflohen war, bot die «ideale» Landschaft für Straßenräuber. Stundenlang ging der Weg durch tiefe Schluchten und gefährliche Hohlwege. Das ziegelrote Gestein gab der gefürchteten Route noch den entsprechenden Namen: Adummin bedeutet Blut. Dieser durch Überfälle und Mord berüchtigte Weg ist der Schauplatz der weltberühmten Geschichte, die Jesus dem Pharisäer als Antwort erzählte:

Ein Mann ging von Jerusalem nach Jericho hinab und wurde von Räubern überfallen, die ihn ausplünderten, niederschlugen und ihn halb tot liegen ließen. Zufällig kam ein Priester denselben Weg entlang. Er sah ihn und ging einfach weiter. Auch ein Levit (Tempeldiener) kam zu der Stelle und ließ ihn ebenfalls liegen. Dann kam ein Mann aus Samarien, der auf der Reise war. Als er ihn sah, hatte er Mitleid, ging zu ihm hin, goss Öl und Wein auf seine Wunden und verband sie.

Dann hob er ihn auf sein Reittier, brachte ihn zu einer Herberge und versorgte ihn. Am anderen Morgen gab er dem Wirt zwei Denare und sagte: Kümmere dich um ihn, und wenn du mehr für ihn brauchst, werde ich es dir bezahlen, wenn ich zurückkomme.

Was meinst du, fragt Jesus den Gesetzeslehrer, *wer von diesen dreien hat sich als der Nächste dessen erwiesen, der von den Räubern überfallen wurde?* Der Gesetzeslehrer antwortet: *Der, der barmherzig an ihm gehandelt hat.*

Das Besondere an dieser Geschichte ist die Gegenfrage, die Jesus dem Schriftgelehrten stellt. Der wollte ihn mit dem theoretischen Problem, nach welchen Kategorien der Nächste definiert werden soll, in eine Falle locken. Die Nächsten im Sinne des mosaischen Gesetzes sind nämlich nur die Juden und die, welche Gastrecht genießen. Jesus aber dreht die Frage um: Wer von den dreien hat sich als der Nächste für den Überfallenen erwiesen, dessen Nationalität oder Hautfarbe nicht genannt wird: der Priester, der Tempeldiener oder der Samariter, der in den Augen der Juden ein Häretiker und Feind des jüdischen Volkes war?

Natürlich hat dies zur Konsequenz, dass der Nächste in diesem Sinne auch der politische Gegner, der Andersdenkende, der Fremde sein kann, wenn er in Not gerät: Das Liebesgebot sprengt alle nationalen, rassischen und religiösen Grenzen. Die zentrale Botschaft dieser weltberühmten Geschichte ist also die Pflicht zum Helfen, und zwar jedem gegenüber, der in Not ist.

Der unverfälschte Sinn der Bergpredigt

Martin Luther vertrat die Auffassung, die Bergpredigt gehöre nicht ins Rathaus, denn mit ihr lasse sich nicht regieren. Das war nicht der einzige Versuch, die Bergpredigt «den Realitäten» anzupassen, sie machbarkeitsorientiert zu interpretieren oder sie als religiöse Romantik abzutun. Die Bergpredigt ist schon immer von allen Seiten massiv attackiert worden. Hitler nannte die Zehn Gebote und das Gebot der Nächstenliebe einen «Fluch vom Berg Sinai, ein Gift, mit dem sowohl Juden wie Christen die freien wunderbaren Instinkte der Menschen verdorben und beschmutzt hätten».[15]

Von den klassischen Marxisten wurde die Bergpredigt als Hindernis für gewaltsame revolutionäre Veränderungen empfunden. Das eigentliche Humane sei der Hass gegen Ausbeutung und Unterdrückung.[16]

Über die Bergpredigt werden auch Kübel von Hohn und Spott ausgegossen. Viele mokieren sich über diese Botschaft, machen sie lächerlich, obwohl sie sich als Christen bezeichnen. Zu ihnen gehört Bismarck, der mehrfach erklärt hat: Mit der Bergpredigt lässt sich kein Staat machen. Bismarck war davon überzeugt, dass man ohne Moral, ohne die Norm der Bergpredigt ungestörter und skrupelloser Machtpolitik betreiben könne. «Wenn ich mit Grundsätzen durchs Leben gehen soll, dann komme ich mir vor, als wenn ich durch einen engen Waldweg gehen sollte und müsste eine lange Stange im Mund halten», sagte er in seinen «Tischgesprächen».

Aber gerade Bismarcks Politik ist der beste Beleg dafür, dass fehlendes Ethos in der Katastrophe endet. Ohne die kleindeutsche Lösung, d. h. ohne die Spätgeburt des deutschen Nationalstaates, ohne die für die Franzosen demütigende Kaiserproklamation im Spiegelsaal von Versailles hätte es keinen ersten Weltkrieg, keinen Adolf Hitler, keinen Holocaust gegeben.

Auch andere Christen haben an der Bergpredigt herumlaboriert. Für die katholische Kirche galt bis zum zweiten vatikanischen Konzil die Bergpredigt nur für die Perfekten, die Vollkommenen, die mönchisch Lebenden, aber nicht für die in der Welt, in Familie und Arbeitsverhältnissen lebenden «Weltchristen».

Für Luther ist die Bergpredigt unerfüllbar. Sie gilt im Gegensatz zur katholischen Auffassung für alle Christen, aber nur als «Bußruf» und eine Art Beichtspiegel.[17] Sie diente vor allem als Basis für ein permanentes schlechtes Gewissen.

Die Bergpredigt als Gesinnungsethik war die Interpretation Kants und der idealistischen Philosophie. Albert Schweitzer und andere sahen in ihr eine «Interimsethik», die nur für die kurze Zeit vor dem Weltenende gültig sei.

Besonders häufig in der Kirchengeschichte treffen wir auf die radikale Interpretation, manche Theologen nennen sie abschätzig die «schwärmerisch-enthusiastische» – offenbar weil sie unbequem ist: Die Bergpredigt sei der Entwurf für das Reich Gottes auf Erden. Heinrich Heine dichtet in seinem «Wintermärchen»:[18]

Ein neues Lied, ein bessres Lied
Ihr Freunde, will ich euch dichten.
Wir wollen hier auf Erden schon
das Himmelreich errichten.

Wenn die Gebote der Bergpredigt nur wörtlich erfüllt würden, dann könnten konsequenterweise Staat, Polizei, Armee, sogar die Kirchen abgeschafft werden – so die Meinung der «Radikalen».

Die Bergpredigt gehört sicher, wie Pinchas Lapide sagt, zu den Meisterwerken der Weltliteratur, verlangt aber, so scheint es, vom Durchschnittsmenschen schier Unmögliches. Wenn jeder, der eine Frau begehrlich ansieht, so heißt es, schon innerlich Ehebruch begehe, dann liefen ja auf der Welt nur noch Ehebrecher herum. Natürlich ist mit der Frau in der Bergpredigt, der man nicht hinterher sehen soll, die hebräische «Ehefrau» gemeint, die in der patriarchalischen Männerwelt des Orients Freiwild war und jederzeit verstoßen werden konnte, wenn dem Ehemann eine andere gefiel.[19] Das Verbot der Scheidung, das in der Bergpredigt gleich hinterher ausgesprochen wird, sollte die rechtliche Diskriminierung der jüdischen Frau beseitigen und Männer und Frauen rechtlich auf eine gleichberechtigte Stufe stellen.

Aber die Leute sollten nicht durch ein fundamentalistisches Scheidungsrecht in unlösbare Schwierigkeiten und Notlagen gestürzt werden. Die Zweitehe nach einer Scheidung, nach dem Verschwinden eines Partners oder einer Partnerin, aber auch Zweitehen, die für eine Familie mit Kindern die einzige Möglichkeit darstellen, sozial überleben zu können[20], wären von Jesus nicht verboten worden und sind moderne Probleme, die damals gar nicht bekannt waren.

Die Gleichberechtigung von Mann und Frau war für die damalige Zeit ebenso eine Revolution, wie es heute eine Revolution für die islamischen Länder wäre, wollte jemand die frauendiskriminierenden Vorschriften des Koran aufheben und zum Beispiel einer Muslimin erlauben, einen Christen zu heiraten.

Man tut den Spöttern einen Gefallen, wenn man die Bergpredigt ohne Sinnzusammenhang und geschichtlichen Hintergrund und weit entfernt vom hebräischen Urtext skrupelhaft nach den Buchstaben auslegt. Wie wir gerade gesehen haben, war das Verbot der

Scheidung nicht eherechtlich im Sinne des Bürgerlichen Gesetzbuches gemeint, sondern hatte sozialen Schutzcharakter. Die Frau sollte bewahrt werden vor willkürlicher Entlassung.

Der Satz «Sorget nicht um euer Leben, euer himmlischer Vater ernährt euch doch», enthält kein Verbot an die Tarifpartner, wegen Lohnerhöhungen zu verhandeln. «Ihr sollt dem Übel nicht widerstreben» ist offensichtlich eine Zugabe des Evangelisten.

Und wer den Satz «Richtet nicht, auf dass ihr nicht gerichtet werdet» wortwörtlich und ohne Kenntnis des geschichtlichen Hintergrunds verstehen will, darf weder die religiösen Rassisten in Kaschmir noch die fundamentalistische el-Qaida in Afghanistan verurteilen und verdammen. In Wirklichkeit fordert dieser Satz, auf Selbstjustiz und Faustrecht zu verzichten.

Diese Interpretationen sind keine Entpolitisierung der Bergpredigt, sondern genau das Gegenteil: eine Konkretisierung, die die Bergpredigt vor wohlfeilen Angriffen schützt und gleichzeitig große politische Konsequenzen nach sich zieht.

Ich fasse zusammen: Den Schlüssel zum Verständnis der Bergpredigt finden wir in der Geschichte des Samariters. Jeder wird zum Nächsten dessen, der in Not geraten ist, dem Unrecht geschieht. Und das heißt auch: Das Evangelium erfordert das «Tun». Fast kein Wort wird darin häufiger gebraucht als *tun*. Es geht nicht um Theorien, sondern um das richtige Handeln. Und diese Forderungen können unmöglich nur auf zwischenmenschliche Beziehungen gemünzt sein. Wenn ich anderen helfen will, die in Not geraten sind, muss ich unter Umständen den Spitzensteuersatz erhöhen oder die Abgaben senken, weil eine mittelstandsfeindliche Steuerpolitik Tausende Betriebe zerstört. Das Gebot der Nächstenliebe kann auch die Veränderung staatlicher Strukturen bedeuten. Es gibt eben Zustände der Ungerechtigkeit, des Machtmissbrauchs, der Unterdrückung, der Entmenschlichung, die der Nächstenliebe diametral widersprechen, die man aber nur durch Politik verändern kann.

Der fundamentalistische Irrweg

Die Eins-zu-eins-Umsetzung der Bergpredigt in staatliche Gesetze würde auch im Westen in einer Theologendiktatur enden, wie sie sich immer mehr im islamischen Teil der Welt durchsetzt. Der islamisch-fundamentalistische Ajatollah, der den Koran einschließlich der Scharia zum staatlichen Recht macht, hätte als Pendant den christlichen Ajatollah, den die europäische Kirchengeschichte in der Gestalt der Inquisitoren und Hexenrichter kennt.

Christlicher Totalitarismus ist das Gegenteil der Liebesbotschaft. Es gibt inzwischen nicht nur den islamischen Fundamentalismus, sondern auch einen christlichen Konservatismus in der Gestalt der US-amerikanischen Erweckungsbewegungen, die in ihrem Fundamentalismus oft in die Nähe des Rechtsradikalismus geraten und Kriege der USA als Auftrag Gottes missverstehen. Dazu gehören aber auch die Deutschen, die Minarette in ihrer Stadt nicht dulden wollen, Menschen, die die christliche Botschaft auf Sexualmoral und Abtreibung verengen, christliche Sekten oder bestimmte Anhänger des Opus Dei – sie alle sind für das Evangelium genauso eine Herausforderung, wie es die Pharisäer und Sadduzäer für Jesus waren.

Die Perversionen der Politik im Namen Gottes sind Irrwege und beruhen auf einem Missbrauch der christlichen Botschaft. Kreuzzüge, Verfolgung Andersdenkender, Ketzerbekämpfung, Inquisition, Judenpogrome, Hexenverbrennungen, christlicher Kolonialismus, ethnische Säuberungen unter religiösem Vorzeichen sind das Ergebnis menschlicher Unzulänglichkeiten, falscher theologischer Begründungen, niedriger Motive von Hass, Neid und Verwirrung der Geister gewesen. Überzeugung durch Worte und Taten – diese jesuanische Methode – werden und wurden ersetzt durch Gewalt, Bedrohung und Zwangsbekehrung.

Ein Zeichen, dem widersprochen wird

Dadurch, dass die Gottes- und Nächstenliebe zum obersten Gebot erklärt werden, ergibt sich eine grundsätzliche Relativierung aller anderen Normen. Die weltlichen «Institutionen», Mächte und Güter werden weniger wichtig. Die Bergpredigt war deswegen auch ein Angriff auf die Gesetzesauslegung des Rabbinats und auf das Gesetz des Moses.[21] Gesellschaftssystem und Glaubensgemeinde sind im damaligen Judentum identisch. Das Liebesgebot überwindet dieses geschlossene gesellschaftliche System und steht im Gegensatz zu den Ungerechtigkeiten, die es mit sich brachte.

Dass dies die ersten Christen genauso gesehen haben, ergibt sich aus zwei Geschichten, die der Evangelist Lukas ganz bewusst in seinen Bericht hineingeschrieben hat: Als Maria erfährt, dass sie schwanger ist, stimmt sie das so genannte Magnifikat an, d. h. eine fast hymnische Umschreibung der Ziele und Taten Gottes:

Er vollbringt mit seinem Arm machtvolle Taten, er zerstreut die im Herzen voll Hochmut sind,
er stürzt die Mächtigen vom Thron und erhöht die Niedrigen,
die Hungernden beschenkt er mit seinen Gaben und lässt die Reichen leer ausgehen. (Luk 1, 46–54)

Das kann man die Ankündigung einer Revolution nennen. Ein Kapitel weiter beschreibt Lukas, was ein Mann namens Simeon, der den achttägigen Jesus von Maria auf seinem Arm entgegennahm, über dessen Zukunft geweissagt hat:

Dein Sohn ist dazu bestimmt, dass in Israel viele durch ihn zu Fall kommen und viele aufgerichtet werden.
Und er wird ein Zeichen sein, dem widersprochen wird. Dadurch sollen die Gedanken vieler Menschen offenbar werden. Dir selbst aber wird ein Schwert durch die Seele dringen. (Luk 2, 34)

Jesus: ein Zeichen, dem widersprochen wird. So kam es auch. Seine Botschaft war ein Ärgernis, dem notwendig politische Implikationen und Komplikationen folgten. Herrschaftsstrukturen wurden von ihm infrage gestellt. Er predigte eine radikale politische Alternative zu einer Welt der Machtgier, der Brutalität und des Egoismus. Eine Welt, in der die Armen, Sanftmütigen und Verfolgten selig gepriesen werden, Feindschaft abgeschafft, der Mammon entwertet wird und Fremde gleichen Rang haben mit den Einheimischen.

Ein Reich für diese Welt?

Aber ist es eine Welt für diese Erde? Hat Jesus nicht gesagt: Mein Reich ist nicht von dieser Welt? Auch dies ist eine falsche Übersetzung, und sie hatte weitreichende Folgen. Alle Entpolitisierer des Christentums – Luther voran – berufen sich auf diesen Satz und propagieren die Lehre der zwei voneinander getrennten Reiche. Rückübersetzt auf Hebräisch bedeutet dieser Satz jedoch genau das Gegenteil:[22] «Mein Königtum ist himmlischen Ursprungs und göttlicher Herkunft» – die klarste Antithese zu den im römischen Kaiserreich herrschenden selbst ernannten menschlichen Göttern. Eine mit Sprengstoff geladene Botschaft in den Ohren der Römer und der mit ihnen verbündeten Sadduzäer und bis heute aller Gewaltherrscher und Diktatoren dieser Erde und ebenso eine Herausforderung an die Adresse des *Shareholder Value*, der Welt des Kapitalismus, in der Erfolg, Dividende, Konsum, Rang und Titel die Leitbilder der Gesellschaft geworden sind. Jesus stellt die damals wie auch heute gültigen Werte und Maßstäbe auf den Kopf.

Opium für das Volk?

Deshalb muss diese Botschaft in Konflikt geraten mit der jeweils bestehenden Welt, auch mit der jetzigen, mit der globalen Armut, der Zerstörung der Schöpfung und der millionenfachen Vertreibung. Jesus hat sich gegen Unrecht gewehrt und er hat sich ständig eingemischt in die bestehenden Machtverhältnisse.

Seine Botschaft ist eben nicht das Eia-Popeia oder Opium des Volkes, wie Heine und Marx das nannten. Über Jahrhunderte wurde das Evangelium missbraucht: Opium für die Leute, denen es schlecht geht, die unterdrückt sind, die arm sind und denen dann von den Herrschenden mit theologischer Rückendeckung gesagt wurde: «Regt euch doch nicht auf! Das Leben ist ohnehin kurz! Im Himmel, im Paradies wird es euch besser gehen, da kommt ihr alle hin» – das Evangelium sozusagen als Beruhigungsmittel, damit die Diskriminierten, die Armen, die Elenden sich gegen das Unrecht nicht wehren und ja keine Revolution machen.

Eine gute Nachricht

Dass die jesuanische Botschaft eine frohe Botschaft, eine gute Nachricht ist, zieht sich wie ein roter Faden durch das ganze Euangelion. In der Bergpredigt macht Jesus, wie wir gesehen haben, ausdrücklich den Trauernden und den Verfolgten Mut, also Menschen, die sich in einer seelisch schwierigen Situation befinden.

Man kann nur ahnen, wie viele Menschen von der Verurteilung durch ihre Umgebung betroffen sind: im Abitur durchgefallen, im Examen gescheitert, die Ehe kaputt, im Büro gemobbt, unglücklich im Leben, Nachbarngetuschel und Gerede, Unglück in der eigenen Familie. Viele denken, sie seien minderwertig, schlechter als andere und zweifeln an der Berechtigung ihrer eigenen Existenz.

Nun kommt einer und sagt: Alles falsch, kümmert euch nicht darum, was andere über euch reden, wie andere über euch urteilen, andere euch anklagen, ihr seid in eurer Würde unantastbar, weil sie in Gott verankert ist, niemand kann euch diese Würde nehmen, ihr seid unabhängig vom Urteil anderer Leute. Diese frohe Botschaft ist eine Botschaft der Befreiung, die es den Menschen ermöglicht, aufrecht durchs Leben zu gehen, auch wenn sie nach menschlichen Leistungsmaßstäben versagt, Fehler begangen und Ansprüchen nicht genügt haben.

Über vier Jahrhunderte haben die beiden großen Konfessionen, die Katholiken und die Protestanten, darüber gestritten, wie der Mensch vor Gott «gerechtfertigt» werde. Luther meinte, nur durch die Gnade, die katholische Kirche blieb bei ihrer Auffassung, dass man dafür auch aktiv etwas tun müsse. Anfang dieses Jahrhunderts haben die Kirchen einen Kompromiss gefunden, zu dessen Erklärung Kardinal Ratzinger eine volle Seite in der «Frankfurter Allgemeinen Zeitung» benötigte. Eine vom Sündenwahn und der Angst vor Gottes Gericht diktierte künstliche Frage wurde aufs Neue durch theologische Fisimatenten und Dogmenspielereien zum Formelkompromiss verwurstet, den außer den theologischen Insidern kein Christ, geschweige denn so genannte «Ungläubige» begreifen können. Die einfache Botschaft, dass nämlich der Wert eines Menschen nicht von seiner Leistung und Leistungsfähigkeit abhängt, hätte den Kern der Frage getroffen und ist die Botschaft einer wahren Befreiung des Menschen.

Glaubwürdigkeit

Anfang des Jahres 2003 erschien im «Stern» eine Geschichte über Jesus. Darin wurde auch gesagt, Jesus sei nichts Besonderes gewesen. So wie er habe es viele gegeben, die behaupteten, sie seien der

Messias, und die zur Umkehr aufriefen. Aber die Frage muss ja erlaubt sein: Warum wird nur über ihn in den Geschichtsbüchern berichtet? Und warum hat sich seine Botschaft innerhalb von wenigen Jahrzehnten im ganzen Römischen Reich verbreitet?

Jesus hat die Menschen nicht nur mit seiner begeisternden Botschaft, sondern als Mensch überzeugt. Er war als Person identisch mit dem, was er sagte. Und er handelte so, wie er redete. Bei ihm gab es eine Einheit von Handeln, Reden und Leben.

Er war deshalb verhasst bei denen, die genau das nicht wollten, sondern im Gegenteil die Leute verdummten, indem sie den Menschen alles Mögliche empfahlen, aber für sich etwas ganz anderes in Anspruch nahmen. Er wäre auch heute die lebendige Alternative z. B. zum Leben vieler Politiker und Medienzaren, die keine Identität von Reden und Handeln kennen.

Natürlich wird jemand, der in die Politik geht oder ein Amt ausübt, nicht automatisch dadurch zum Heiligen. Das kann er auch gar nicht. Aber er muss Folgendes überlegen: Es gibt nicht nur die Loyalität von unten nach oben, die notwendig ist, weil sonst keiner ein Amt ausüben kann. Es gibt auch eine Loyalität von oben. Man kann in der Politik so wenig wie im normalen Leben Fehler vermeiden. Aber etwas darf man nicht tun: nämlich nach der Wahl das Gegenteil von dem zu machen, was man vor der Wahl gesagt hat. Doch genau dieses Verfahren ist inzwischen zur Regel geworden.

Die Menschen seiner Zeit haben diesem Jesus geglaubt, weil er einer von ihnen war. Um ihn herum und mit ihm lebten Handwerker, Fischer, Soldaten, Zöllner, Dirnen, einfache Leute aus den unteren Schichten. Sie alle spielen im Evangelium eine beherrschende Rolle. Dazu kamen die Armen, die Kranken, um die er sich gekümmert hat. Reiche Leute kommen im Evangelium nicht so gut weg. Deswegen konnten sich so viele Menschen mit Jesus identifizieren. Alle, die wegen ihres Geschlechts unterdrückt werden, wegen ihrer Rasse, ihrer Zugehörigkeit zu einem Volk diskriminiert, gefoltert und getötet werden, in Armut oder in Sklaverei leben oder ohne Arbeit sind, tun sich mit Jesus leicht. Sie merken, dass er einer von ihnen ist und leben musste wie sie auch.

3.
Krieg und Frieden

Auch für den Feind bin ich der Nächste

Das war die neue Botschaft aus dem Wadi el-Kelt: Die Nächstenliebe bedeutet die Pflicht zum Helfen, und zwar jedem gegenüber, der in Not ist. Der Grund zum Helfen liegt nicht mehr in der Zugehörigkeit zum eigenen Volk oder zur eigenen Religion, sondern ist begründet in der Not des anderen.

Wäre der Samariter eine halbe Stunde früher an den Ort des Überfalls gekommen, hätte er dem Überfallenen beistehen müssen, im Zweifel auch mit einem Prügel in der Hand, um den Räuber zu vertreiben. Notwehr und Nothilfe stehen nicht im Gegensatz zum Evangelium, im Gegenteil: Nothilfe ist eine Pflicht der Nächstenliebe.

Was soll dann aber Feindesliebe bedeuten? Das Evangelium gibt Antworten, die aus der modernen Friedens- und Aggressionsforschung stammen könnten.

Die zweite Meile

Hebraisten weisen darauf hin, dass im Alten Testament (Lev 19, 18) der Satz «Liebe deinen Nächsten» hebräisch nicht im Akkusativ, sondern im Dativ steht, dem so genannten dativus ethicus, den es im Deutschen, Lateinischen und Griechischen nicht gibt: Man kann ihn nicht übersetzen, sondern nur umschreiben:[23] Tue dem

Nächsten Liebe an, erweise ihm etwas Liebes – also tue etwas für ihn. Jesus verlangt nicht eine Gefühlsduselei, sondern eine praktizierende Liebe – in der Endzeitrede nennt er die Beispiele: Hungernden Essen, Dürstenden Wasser geben, Kranke pflegen, Verbrecher im Gefängnis besuchen, Fremde aufnehmen. Die Liebe ist immer konkret – und wer über andere schlecht redet, so Jesus, ist so schlimm wie ein Mörder. Es liegt auf der Hand, dass auch die Steigerung des Liebesgebotes «Liebet eure Feinde» hebräisch im dativus ethicus geschrieben war: Tut euren Feinden etwas Gutes, seid vernünftig im Umgang mit dem Gegner.

Plötzlich bekommt die zunächst unverständliche Forderung einen Sinn. Jesus selber macht klar, was er meint: «Wenn dich einer zwingt, eine Meile mit ihm zu gehen, dann gehe zwei Meilen mit ihm.» Die Römer als Besatzer hatten das Recht, einen Juden zu zwingen, eine Meile das Gepäck zu tragen. Jesus sagt nun dem Juden: Gehe freiwillig eine zweite Meile mit – in der richtigen Erwartung, dass das Verhältnis zwischen den beiden am Ende der zweiten Meile ein anderes ist als nach der ersten Meile. Der Römer fasst sich an die Stirn, aber er wird vermutlich mit dem Juden ein Gespräch beginnen, und vielleicht trinken die beiden am Ende der zweiten Meile zusammen ein Glas Wein.

Die gegenseitige Eskalation von Hass und Gegenhass, Terror und Gegenterror, Gewalt und Gegengewalt wird gesprengt.

In eine solche Entspannungsstrategie passt auch der berühmte Satz hinein: «Wer dich auf die rechte Backe schlägt, dem halte auch die andere hin» (Mt 5, 38). Wer will, kann mit einer solchen Geste an die Menschlichkeit des anderen appellieren. Für einen radikalen Pazifismus gibt er aber nichts her: Ich kann immer nur meine Backe hinhalten, nicht die Backe meines Nachbarn oder Mitarbeiters. Nächstenliebe und Feindesliebe verlangen ein Tun, ein Handeln, nicht ein passives Dulden.

Es gibt noch einen Satz, der angeblich Schwierigkeiten macht:

«Ihr habt gehört, dass euch gesagt wird: Auge um Auge, Zahn um Zahn.
Ich aber sage euch: Widersteht dem Bösen nicht!» (Mt 5, 38)

Zunächst bietet diese Aussage eine ganz vernünftige Perspektive: Wenn dir einer einen Zahn ausschlägt, musst du ihm nicht gleich dafür das Auge ausstechen, und verpasst dir einer eine Ohrfeige, dann musst du ihm nicht gleich die Zähne einschlagen. (Im Iran darf allerdings ein Mann – so einige Ajatollahs – einer Frau, die ihm einen Zahn ausgeschlagen hat, zwei Zähne ausschlagen.)

Dieser Satz ist in der Tat auch eher geeignet als Richtlinie für Richter und Schiedsrichter. Auch hier können die alten Hebraisten helfen. Denn, so sagt Pinchas Lapide, im hebräischen Urtext im Alten Testament heiße es nicht «Nimm Auge um Auge, nimm Zahn um Zahn», sondern «Gib Auge um Auge, gib Zahn um Zahn»: D. h., der Satz gibt nicht dem Opfer das Recht, dem anderen auch die Zähne einzuschlagen oder das Auge auszustechen, sondern ist an den Schädiger gerichtet und sollte vor Gericht ein Richtwert sein für die Entschädigungsleistung.

Für den zweiten Satz: «Widersteht dem Bösen nicht», gibt es offenbar eine einfache Erklärung: Nach Auffassung der Deutschen Bischofskonferenz (Erklärung von Bischof Kamphaus vom 5. September 1982) ist dieser Satz vom Evangelisten Matthäus erfunden und eingefügt worden. Ich halte das für plausibel, denn die zentrale Schlüsselstory vom Samariter wäre ad absurdum geführt, wenn der Samariter sich im Ernstfall auch noch hätte erschlagen lassen müssen.

Die jesuanischen Reden zeigen, wie die Welt aussehen könnte: ein hoher Maßstab, der nicht schon deswegen falsch ist, weil er nicht immer und überall erfüllt werden kann. Aber dieser Maßstab enthält eine Verpflichtung zum Handeln.

Entspannungspolitik

Nehmen wir als Beispiel den Ost-West-Konflikt in den 8oer Jahren. Alle, die Jesus schon in Palästina getroffen hatte, tauchten in anderer Gestalt wieder auf: die sowjetischen Bedroher und Unterdrücker wie damals die Römer; Ronald Reagan und seine Leute im Pentagon und in Brüssel, die mit dem Schwert sofort dreinschlagen wollten wie die Zeloten, aber auch die Kleinmütigen und Ängstlichen, die in der Krise davonliefen, wie die Apostel und die Pazifisten. Es war ja nicht falsch, dass die Sozialdemokraten und Grünen nicht nur den Rock, sondern auch den Mantel weggeben und dem Römer in der Gestalt von Breschnew nicht nur eine Meile, sondern zwei Meilen das Gepäck tragen wollten – «Vorleistung» nannte das die CDU. Aber unbiblisch war auch der Satz «Lieber rot als tot». Dann hätte sich der Samariter im Wadi el-Kelt gleich mit totschlagen lassen müssen. Man musste Gorbatschow nicht lieben und Breschnew nicht sympathisch finden, aber mit ihnen verhandeln, den ersten Schritt tun in der Abrüstung der Mittelstreckenraketen – das entsprach der Feindesliebe der Bergpredigt, es hat die atomare Kriegsdrohung vermindert und den Ost-West-Konflikt entspannt. Beendet wurde beides durch eine Politik der Nothilfe, des biblischen Schalom, nämlich des Friedens als Ergebnis von Güte und Gerechtigkeit. Das militärische Gleichgewicht verhinderte den Ausbruch von Gewalt; sogar im Begriff der Abschreckung steckt ein Element der Entspannung. Das französische Wort für Abschreckung zeigt, worum es eigentlich geht, nämlich um «Dissuasion», was schwierig, aber treffend mit «Abratung» übersetzt werden kann.

Das Gebot der Feindesliebe hat Jesus im übrigen nicht gehindert, bei Ungerechtigkeit, Heuchelei und Unterdrückung sozusagen in heiligen Zorn zu geraten. Die Reden gegen den Ungeist der Gesetzeslehrer sind dafür ein Beispiel.

Der Irak-Krieg

Als Folge der Bergpredigt haben sich in den letzten 2000 Jahren die Philosophen immer wieder mit der Frage beschäftigt, wann die Gewaltanwendung zwischen den Staaten gerechtfertigt sei. Die Jesuiten Molina und Suarez hatten eine gefährliche und heikle Sondersituation moralisch untersucht: Darf ein Tyrann ermordet werden? Über die Jahrhunderte hindurch von Cicero über Thomas von Aquin und Immanuel Kant bis zur Evangelischen Kirche Deutschlands und Papst Johannes Paul II. wurden immer wieder vier Bedingungen genannt:

1. die *iusta causa*, d. h., es muss ein wichtiger, gerechter Grund vorliegen, also z. B. eine Aggression von außen oder schwere Menschenrechtsverletzungen des anderen Staates oder des Tyrannen,

2. die *ultima ratio*, d. h., der Krieg oder das Attentat müssen die letzten aller Mittel sein. Er ist erst dann erlaubt, wenn alle anderen Möglichkeiten diplomatischer und wirtschaftlicher Art ausgeschöpft sind,

3. die *recta intentio*, also die richtige Absicht – heute würden wir sagen: Es muss eine politische Lösung vorhanden sein. Die alten Jesuiten sagten es einfacher: Nach dem Tod des Tyrannen müssen die Lebensbedingungen für die Menschen wenigstens etwas besser sein als vorher,

4. das *ius in bello*: Während der kriegerischen Handlungen müssen bestimmte Rechtsgrundsätze eingehalten werden, wozu auch das Verbot der Massenvernichtungswaffen und der Diskriminierung gefangener Soldaten gehört. Die Behandlung der Gefangenen auf Guantanamo ist ein Skandal und eine Schande für die Vormacht der rechtsstaatlichen Demokratie. Jesus verurteilt in deutlicher Sprache ein solches Verhalten.

Er sagt zu den «Verfluchten», die links vor ihm stehen: *Ich war im Gefängnis und ihr habt mich nicht besucht.*
Wann haben wir dich denn nicht besucht?, fragen die Beschuldigten.
Was ihr für diese Geringsten (im Gefängnis) nicht getan habt, das habt ihr auch mir nicht getan, war die Antwort.

Der für die Gefängnisse zuständige US-Justizminister Ashcroft, ein besonders radikaler christlicher Fundamentalist, kennt offensichtlich nur das Alte Testament in der Fassung der texanischen Baptistenkirche.

Wendet man nun die Erkenntnisse aus dem Evangelium und die genannten Grundsätze auf den Irak-Krieg an, so wird man sicher nicht bestreiten können, dass sich die USA nach dem 11. September 2001 im Verteidigungsfall befanden, zumal die Gefahr bestand, dass die el-Qaida-Kämpfer solche Anschläge wiederholten.

Wenn man die Kriege der zweiten Hälfte des letzten Jahrhunderts mit den genannten moralischen Kriterien vergleicht, dann war der Krieg der Alliierten gegen Nazi-Deutschland natürlich gerechtfertigt, ebenso die Bombe Stauffenbergs unter dem Kartentisch des so genannten Führers. Dasselbe gilt für den Einsatz der NATO im Kosovo und in Afghanistan. Dass der Westen in vergleichbaren Fällen wie z. B. in Ruanda und im Kongo nicht entsprechend eingegriffen hat, war und ist ein schwerer Fehler. In Somalia ist der gerechtfertigte Einsatz für die Amerikaner auch schief gelaufen.

Der gerechte Grund für den Irak-Krieg war vorhanden: die Unterdrückung durch die Diktatur Saddam Husseins. Massenvernichtungswaffen wurden einstweilen nicht gefunden. Fraglich ist, ob dieser Krieg die *ultima ratio* war, um Massenvernichtungswaffen finden und das Regime stürzen zu können. Die Drohkulisse, die die Amerikaner aufgebaut hatten, kann man als den potenziellen Prügel des Samariters im Wadi el-Kelt betrachten. Aber die zweite Meile sind die Amerikaner nicht mitgegangen; sie sind in der Mitte stehen geblieben. Die UNO-Inspektoren waren auf einem guten Weg, und man hätte sie nicht aufhalten dürfen.

Wäre man die ganze zweite Meile gegangen, hätten folgende Milliarden Dollar eingespart werden können: 70 Milliarden für den Krieg bis April 2003, 30 Milliarden für den Wiederaufbau. Eine einzige computergesteuerte Bombe kostet bis zu 370 000 Dollar und ein Marschflugkörper 1,3 Millionen, ein B-2-Kampfbomber 2,1 Milliarden, ein B-1-Bomber immerhin noch 325 Millionen.

Der «Stern» 10/2003 macht folgende Rechnung auf: Von der Streubombe CBU-87 wurden im Golfkrieg 10 000 Stück für 139 897 939 Dollar abgeworfen. Dafür könnten fast 10 Millionen Kinder in der Dritten Welt gegen Polio, Masern und Tetanus geimpft werden. Der Gegenwert von nur einer Bunkerbrecher-Bombe GBU-28 von 145 000 Dollar würde für die Heilung von 2000 Tuberkulosekranken in Indien reichen. Eine einzige Tomahawk-Cruisemissile weniger, und in afrikanischen Dürrezonen könnten 650 Brunnen gebaut werden.

Der Betrieb eines US-Flugzeugträgers der Nemitz-Klasse verschlingt im Monat 13 Millionen Dollar. Die USA ließen gegen den Irak fünf der gigantischen Kampfplattformen anrücken, macht zusammen 65 Millionen Dollar pro Monat. Zum Vergleich: Die Arbeit der UN-Waffeninspektoren im Irak von 1991 bis 1998 kostete pro Jahr nur halb so viel.

Ich glaube, der Papst hatte Recht, als er den Irak-Krieg verurteilte, auch wenn sich der amerikanische Präsident George W. Bush für seinen Krieg auf Gott berufen hat. Es ist nicht der erste Missbrauch des Namens Gottes in der Geschichte der Menschheit gewesen.

Völlig offen ist nämlich die *recta intentio*, d. h. die politische Lösung. Aus allen Insider-Informationen und Berichten sachkundiger Journalisten ist klar zu erkennen, dass weder die Amerikaner noch die Briten eine einigermaßen begründete politische Lösung für den Irak vorbereitet hatten. Zum Zeitpunkt der Schlussredaktion dieses Buches hat sich im Irak eine starke schiitische Bewegung gebildet, und immer mehr Sunniten führen einen für die Amerikaner und Briten verlustreichen Guerillakampf. Der Sturz Saddam Husseins wäre sinnlos, wenn anstelle seines Regimes die Schiiten eine zweite Theologendiktatur im Mittleren Osten errichten würden. Unter Saddam Hussein durften die Mädchen wenigstens ohne Schleier in die Schule gehen, und 50 % der Studierenden waren Frauen. Es ist auch sehr die Frage, ob in diesem Kernland des Islam die Menschen sich von Ungläubigen eine Staatsform mit Gewalt aufzwingen lassen, die ihre intellektuellen Schriftsteller und Wissenschaftler möglicherweise akzeptieren, die jedoch von den Mullahs, Ajatollahs und den ihnen hörigen Mehrheiten abgelehnt wird.

Paulus schreibt im Brief an die Römer (12, 21): «Lass dich nicht vom Bösen überwinden, sondern überwinde du das Böse durch das Gute.» Das Gute kann auch im Widerstand bestehen. Verzicht auf Gewalt ist nicht identisch mit Verzicht darauf, sich zu wehren. Das haben wir bei dem Beispiel mit dem Samariter für den Fall gesehen, dass er während der Gewalttat hinzu gekommen wäre. «Bleib nicht stehen beim Blute deines Nächsten», heißt es im Talmud, der nachbiblischen Gesetzessammlung der Juden.

Jesus kann einen Frieden nicht gemeint haben, der dazu führt, dass Gewalttäter triumphieren. Frieden wird es nur geben, wenn die Menschenwürde jedes einzelnen anerkannt wird. Frieden mit Schweigen der Waffen zu verwechseln bedeutet Friedhofsfrieden. Die Pax Romana war nichts anderes als eine militärisch gesicherte Unterdrückungsordnung. Frieden im Sinne von Schalom geht weit darüber hinaus. Er umfasst Freiheit und Versöhnung, Güte und Gerechtigkeit, Wahrhaftigkeit und Menschlichkeit. Das ist keine Utopie, sondern einfach vernünftig. Der Appell an die Menschlichkeit des Gegners ist keine schlechte Sache, wie die moderne Aggressionsforschung bewiesen hat. Er wird nicht immer zum Ziel führen. Aber wenn es geht wie mit Gandhi in Indien, Martin Luther King in den USA, den runden Tischen in der DDR und Solidarność in Polen, ist diese Strategie besser.

Tuet Gutes denen, die euch hassen. (Lk 6, 27)

Damit wird nicht grenzenlose Selbstverleugnung gefordert, sondern eine Politik der Entfeindung. Niemand sollte die Vereinigten Staaten kritisieren, weil sie sich verteidigungsbereit halten. Aber die Vereinigten Staaten als stärkste Macht der Erde sollten sich in der Zukunft darauf konzentrieren, durch Argumente, durch Überzeugung, durch Dialog und Gespräche, durch Diplomatie und vor allem durch eine Änderung der von ihr maßgeblich beeinflussten Weltwirtschaftspolitik die Lösung der unzweifelhaft vorhandenen Probleme auf friedlichem Wege ohne Gewaltanwendung zu erreichen. Dann wäre die ständige Berufung auf Gott überzeugender.

Der Islam

Die Botschaft des Evangeliums kann auch in einer historischen Situation scheitern. Sie wird dadurch aber nicht falsch. Jesus hätte im konkreten Fall die Abschlachtungen während der Stammeskriege in Ruanda, Kongo und Burundi nicht verhindern können. Es waren sogar Christen daran beteiligt. Und die Selbstmordattentate fanatischer islamischer Fundamentalisten hätten ihn wehrlos gefunden. Dennoch gibt es in der Gegenwart und in der Zukunft keine bessere Alternative als seine politische Botschaft.

Die Voraussetzung dafür, dass diese Botschaft ihren friedenstiftenden Sinn auch im Islam entfalten kann, ist das Bekenntnis der Christen, dass die Botschaft des Evangeliums fast nie massiver verletzt worden ist als von den eigenen Anhängern, vor allem in den gewalttätigen Auseinandersetzungen des Mittelalters. Als Papst Urban II. auf dem Konzil von Clermont die Christen zum ersten Kreuzzug aufrief, versammelten sich die Zuhörer der päpstlichen Predigt unter dem Ruf «Deo lo vult» (Gott will es), schnitten Stoffkreuze aus ihren Umhängen und hefteten sie zum Zeichen der Pilgerschaft in der Nachfolge Christi und des Kreuzzugs gegen die Ungläubigen an ihre Schultern.

Es ist klar, was Jesus zu dieser Blasphemie gesagt hätte:

So spricht Gott der Herr: Wenn ihr auch noch so viel betet, ich höre es nicht. Eure Hände sind voller Blut. (Jes 1, 3)

Als 1099 Jerusalem erobert worden war, hing noch Tage danach ein süßlicher Verwesungsgestank über der Stadt. Die siegreichen Kreuzfahrer hatten viele Einwohner jeglicher Religionszugehörigkeit niedergemetzelt, auch Frauen und Kinder. Zeitzeugen berichteten, dass man bis zu den Knöcheln im Blut der Ermordeten gewatet sei. Die Kreuzzüge sind in den Augen der Muslime ein schlimmes Verbrechen an ihrer Religion und den muslimischen Gläubigen.

Jesus würde zur Versöhnung aufrufen und zum Dialog mit dem Islam. Kurz bevor er nach Jerusalem ging, kam Petrus zu ihm und fragte:

«Wie oft muss ich meinem Bruder vergeben, wenn er sich gegen mich versündigt? Sieben Mal?» «Nicht sieben Mal, sondern siebenundsiebzig Mal», war die Antwort. (Luk 17, 3)

Beide Seiten müssen zu dieser Vergebung bereit sein. Es war eine der großen Taten von Papst Johannes Paul II., dass er in einer Moschee in Damaskus zusammen mit den dortigen Geistlichen betete.

In katholischen Gemeinden werden heute Resolutionen verabschiedet oder zumindest diskutiert, um den Bau von Moscheen und Minaretten in ihrem Gemeindebereich zu verbieten. Als im Jahre 1926 in Paris die erste Moschee eingeweiht wurde, sagte Marschall Liautay in seiner Festansprache: «Warum sollten die Türme von Notre Dame traurig sein, weil nun ein weiterer Turm Gebete zum Himmel schickt?» Man würde den Islamisten Recht geben, wenn man sich in Deutschland dem Islam gegenüber genauso verhielte wie die Islamisten gegenüber Christen in den von ihnen beherrschten Regionen, z. B. in Saudi-Arabien und im Sudan. Christen dürfen nicht selbst zu Taliban werden.

Aber der Dialog darf keine Differenzen vertuschen. Die uneingeschränkte Achtung der Menschenwürde, wie sie in der Botschaft des Evangeliums enthalten ist, verlangt, die Vertreter des Islam zu fragen, warum es einer muslimischen Frau verboten ist, einen Christen zu heiraten, warum die Söhne doppelt so viel erben wie die Töchter, warum in der Praxis Frauen, aber nicht Männer bei Ehebruch mit Steinigung bestraft werden, warum die Zeugenaussage eines Mannes vor Gericht dreimal mehr wert ist als die einer Frau. Aber wir haben keinen Grund, arrogant zu sein: In ganz Europa bekommen Frauen de facto für die gleiche Arbeit immer noch weniger Lohn als die Männer.

Den geistig-religiösen Dialog müssen die Kirchen führen, den wissenschaftlichen die europäischen Universitäten. Sie könnten an eine alte europäisch-arabische Tradition anknüpfen. Vor allem unter Kaiser Friedrich II. fand ein reger kultureller und wissenschaftlicher Austausch zwischen Europa und dem Islam statt. Die abendländische Philosophie wurde befruchtet durch die Gedanken großer arabischer Philosophen wie Ibn Ruschd (Averroes), Ibn Sina (Avicenna) und dem Universalgelehrten Al Birune. Arabische Naturwissenschaftler, vor allem Mathematiker und Astronomen, beeinflussten die europäischen Universitäten und Klöster. Wir schreiben arabische Zahlen und keine griechischen oder lateinischen, wie es unserer kulturellen Tradition entspräche, und haben von den Arabern die Dezimalbrüche, das Ziehen von Wurzeln und den Dreisatz gelernt.

Die Zeit des Islam in Andalusien liegt inzwischen 900 Jahre zurück, und Amnesty International stellt fest, dass in allen islamischen Staaten die Menschenrechte massiv verletzt werden. Aber es gibt keine bessere Alternative, als an dieses gemeinsame Erbe anzuknüpfen und einen Dialog über die gemeinsame Zukunft zu führen. Jesus ist ein auch im Islam anerkannter Prophet.

Jesus am Jakobsbrunnen

Wenn man von Galiläa nach Jersualem will, führt der kürzeste Weg durch das Bergland von Samarien. Man kann ihn in drei Tagen bewältigen. Als Jesus wieder einmal nach Jerusalem ging, kam er zu der samaritischen Stadt namens Sychar, wo sich auch der Jakobsbrunnen befindet. Während der babylonischen Gefangenschaft siedelte der Assyrerkönig Sargon II. ungefähr um 720 v. Chr. in den leer gewordenen Städten und Dörfern Samariens assyrische Kolonisten an, die sich im Laufe der Zeit mit den zurückgebliebenen Israeliten vermischten. Diese Bevölkerung wird im Neuen Testament «die Samariter» genannt. Sie behielten unter Leitung jüdischer Priester den Glauben an den israelitischen Gott und wollten, nachdem die babylonische Gefangenschaft beendet wurde, sich den zurückkehrenden Juden wieder anschließen und am Wiederaufbau des zerstörten Tempels mithelfen. Die gesetzestreuen Juden lehnten die Samariter jedoch ab, weil sie sich mit Nichtisraeliten vermischt und gewisse heidnische Gebräuche übernommen hatten. Seit dieser Zeit herrschte zwischen Juden und Samaritern eine bittere Feindschaft. Die Samariter erklärten die fünf Bücher des Moses zu ihrer Heiligen Schrift, hatten einen Opferkult nach dem Vorbild des jüdischen Tempels in Jerusalem und bauten auf dem Berge Garizim einen eigenen Tempel.

Jesus setzte sich um die Mittagszeit an den Brunnenrand. Da kam eine samaritische Frau, um Wasser zu holen, und Jesus bat sie, ihm zu trinken zu geben. Die Samariterin war überrascht: «Wie kannst du als Jude von mir, einer Samariterin, zu trinken verlangen?» Die beiden kamen in ein philosophisches und moralisches Gespräch. Am Schluss sagte die Frau:

«Unsere Väter haben auf diesem Berg Gott angebetet, ihr aber sagt, in Jerusalem sei die Stätte, wo man anbeten muss.» – *«Glaube mir, Frau»*, antwortete Jesus, *«die Stunde kommt, zu der ihr weder auf diesem Berg noch in Jerusalem den Vater anbeten werdet ... Gott ist Geist und alle, die ihn anbeten, müssen im Geist und in der Wahrheit anbeten.»* (Joh 4, 21)

Daraufhin lief die Frau ins Dorf und holte ihre Miteinwohner an den Brunnen. «Als die Samariter zu ihm kamen, baten sie ihn, bei ihnen zu bleiben, und er blieb dort zwei Tage» (Joh 4, 40). Ich nehme an, dass die angeblichen Feinde nicht nur miteinander gegessen und getrunken, sondern auch gemeinsam gebetet haben – wie der Papst in der Moschee in Damaskus. Dass dann aber katholische und evangelische Christen laut österlichem Rundschreiben 2003 aus dem Vatikan, obwohl sie unbestritten an denselben Gott und an denselben Jesus glauben, nicht gemeinsam das Abendmahl zu sich nehmen dürfen, hätte den Gründer dieser Kirche, wie schon vieles in der Geschichte, am Verstand der Glaubenskongregation in Rom zweifeln lassen.

Schreibtischtäter, Verleumder und Wortverdreher

Jesus hatte seinen Zuhörern der Bergpredigt eine sehr moderne Figur vermittelt, nämlich die des Schreibtischtäters. Er sagte zu den Juden:

Ihr habt gehört, dass zu den Alten gesagt worden ist: Du sollst nicht töten. Wer aber jemand tötet, der soll dem Gericht verfallen sein. Ich aber sage euch: Jeder, der seinem Bruder auch nur zürnt, soll dem Gericht verfallen; und wer zu seinem Bruder sagt: Du Dummkopf!, soll vor den Ho-

hen Rat kommen; wer aber zu ihm sagt: Du Narr (gottloser Narr!), soll dem Feuer der Hölle verfallen. (Mt 5, 21–23)

Dies heißt aber nichts anderes, als dass Verleumder, Wortverdreher und Schreibtischtäter genauso schlimm sind wie die konkreten Mörder.

«Du sollst nicht töten», heißt es in den Zehn Geboten. Aber Totschlag beginnt im Herzen und im Kopf mit dem Hass gegen den anderen oder seiner Verteufelung als «Menschenfeind», als «Schädling» oder als «Ungeziefer». Die Juden wurden im Laufe ihrer Geschichte besonders häufig verunglimpft: «Prophane bellende Hunde» (Luther), «verfluchtes Lumpenpack voller Habgier und Hochmut» (Johannes Calvin), «die Juden sind unser Unglück» (Heinrich von Treitschke). Heute wird die Sprache zwischen Christen und Muslimen aufgeheizt. Der Rechtsradikalismus wird mit ausländerfeindlichen Parolen geschürt. Hieß es in der Weimarer Republik «Erledigt Walter Rathenau, die gottverdammte Judensau», heißt es heute in den rechtsradikalen Rockgruppen mit Namen wie «Kraftschlag», «Sturmwehr», «Zillertaler Türkenjäger»:
«Afrika für Affen
Europa für Weiße
Steckt die Affen in das Klo
Spült sie weg wie Scheiße.»
Alle diese Begriffe, Schlagworte, Verse dienen dazu, die Bevölkerung aufzuhetzen. Dennoch werden sie zumindest teilweise sogar direkt oder indirekt in den offiziellen Sprachgebrauch übernommen, wie z. B. die Begriffe Asylmissbrauch und Ausländerkriminalität.

«Nicht die Taten bewegen die Menschen, sondern die Worte über die Taten», sagte Aristoteles. Der griechische Philosoph Epiktet, der zur Zeit von Jesus lebte, drückte dies in negativer Form so aus: «Nicht die Dinge verwirren die Menschen, sondern die Ansichten über die Dinge».

Das fahrlässige Reden auch von offiziellen Stellen über Asylmissbrauch und Ausländerkriminalität hat vielen in der rechtsradikalen Szene als Vorwand und als Begründung gedient, um andere Leute totzuschlagen und Häuser anzuzünden, weil darin Menschen wohnten, die eine andere Hautfarbe, Muttersprache oder Herkunft hatten. Die Verrohung der Sprache in der deutschen Publizistik und Politik und im Alltag ist ausschlaggebend für die Entwicklung des Rechtsradikalismus. In der Glosse einer überregionalen Zeitung wurde vor einiger Zeit für Ausländer der Begriff «fremdartig» verwendet. Auch hier ist es wie mit dem Asylmissbrauch: Von «fremdartig» ist der Weg nicht mehr weit zu «andersartig», und dann ist man schnell bei «abartig». Was man mit solchen Leuten tut, ist aus der jüngsten deutschen Geschichte bestens bekannt.

Beim Krieg gegen den Terrorismus ist die martialische Sprache der Kriegsfilme in die Politik eingebrochen. Der amerikanische Präsident verstieg sich immer mehr in diesen Ton: «Die Terroristen werden gejagt, bis wir sie kriegen, tot oder lebendig.» «Wir werden sie jagen und einzeln abschießen.» In seinem Buch *Bush at War* beschreibt Bob Woodward[24], wie in Anwesenheit des Präsidenten, des Vizepräsidenten, des Außen- und des Verteidigungsministers sowie der Sicherheitsberaterin Condoleezza Rice in dieser höchsten Sicherheitsinstitution der Vereinigten Staaten diskutiert wird. Z. B. sagte der Chef der Terrorismusbekämpfung im CIA Cofer Black wörtlich: «Wenn wir mit ihnen [den Taliban] fertig sind, werden Fliegen auf ihren Augäpfeln spazieren gehen.» Laut Außenminister Powell war der Präsident nach einiger Zeit der Worte überdrüssig und «wollte endlich Tote sehen».

Natürlich ist es schwierig, in einer solchen von Leidenschaft, Rachegefühlen und berechtigtem Entsetzen aufgewühlten Atmosphäre moralinsauer sozusagen mit der Bibel zu kommen. «Aber der Präsident fasste seine Aufgabe und die des Landes in die große Vision von Gottes Gesamtplan», berichtet Woodward. Bush rekla-

mierte Gott für sich und seinen Krieg gegen das Böse. Seine Reden
sah er «aus der spirituellen Perspektive, dass es für die Nation
wichtig war zu beten».[25]

Dann muss er allerdings gegen sich gelten lassen, was Jesus zu
diesem Kapitel Abschließendes gesagt hat:

*Ich sage euch, so redet er an die Adresse der Pharisäer, über jedes un-
nütze Wort, das die Menschen reden, werden sie am Tage des Gerichts
Rechenschaft ablegen müssen; denn aufgrund deiner Worte wirst du frei-
gesprochen und aufgrund deiner Worte wirst du verurteilt werden.*
(Mt 12, 36)

Versöhnung – Der verlorene Sohn

In Israel war es bekanntlich möglich, dass ein Sohn von seinem Vater schon zu dessen Lebzeiten das Erbe verlangen konnte. Jesus
schildert die Geschichte eines Mannes (Lk 15, 11–32), der zwei Söhne hatte. Als der jüngere das Erbteil von ihm einforderte, blieb
dem Vater gar nichts anderes übrig, als das Vermögen aufzuteilen.
Der jüngere Sohn packte seine Sachen zusammen und ging ins
Ausland, so geht die Geschichte weiter, und brachte das ganze Vermögen mit einem flotten Leben durch. Als er nichts mehr hatte,
arbeitete er bei einem Bauern und musste Schweine hüten. Lohn
bekam er nicht, zu essen auch nicht viel. Er hätte gerne von dem
Abfall gegessen, den die Schweine bekamen, aber davon erhielt er
ebenfalls nichts.

Da wurde ihm klar, dass er eine Dummheit begangen hatte, und
er ging wieder heim. Der Vater war froh, dass sein jüngerer Sohn
wieder da war: «Holt das Mastkalb und schlachtet es», sagte er seinen Helfern. «Wir machen ein kleines Fest.» Der ältere Sohn, der
bei ihm geblieben war und weiter auf dem Hof gearbeitet hatte,
kehrte zurück vom Feld, und als er in die Nähe des Hauses kam,

hörte er Musik. Auf seine Fragen, was da los sei, informierte man ihn, sein Bruder sei wieder da. Darauf weigerte er sich, ins Haus zu gehen. Der Vater kam heraus, aber der Ältere ließ sich nicht überzeugen: Er habe die ganzen Jahre gehorcht und für ihn gearbeitet, der Vater habe ihm nie auch nur einen Ziegenbock geschenkt, damit er mit seinen Freunden hätte ein Fest feiern können. «Kaum kommt der andere daher, der dein Vermögen mit Huren durchgebracht hat, da schlachtest du für ihn das Mastkalb.»

Nun kann man nicht behaupten, dass der ältere Sohn mit seiner Argumentation ganz Unrecht gehabt hätte. Aber wenn der Vater ihm Recht gegeben hätte, wäre das Ergebnis Feindschaft und Hass auf Dauer in der Familie gewesen. Deswegen redete der Vater ihm gut zu: «Du bist doch immer bei mir, und was ich habe, gehört dir. Aber jetzt können wir uns doch freuen ... denn dein Bruder war verloren, und wir haben ihn wieder gefunden» (Lk 15, 32).

Wir erinnern uns an die Geschichte mit Petrus. Auf eine entsprechende Frage von ihm kam die schöne Antwort: «Nicht sieben Mal, sondern sieben Mal siebzig Mal sollst du vergeben (Mt 18, 21–22).

Ob Kosovo, Kaschmir, Nordirland, Sudetenland, Tschetschenien oder Ruanda – es gibt zur Strategie der Versöhnung keine vernünftige menschliche Alternative. Eines der größten Werke der Versöhnung in der Weltgeschichte ist die europäische Einigung. In diesem früher von blutigen Auseinandersetzungen zerrissenen Kontinent sind Kriege – inzwischen auch auf dem Balkan – nicht mehr denkbar, und es waren bewusste Christen wie Konrad Adenauer, Robert Schumann, Alcide de Gasperi und Jean Monnet, die die europäische Vision in Gang gebracht haben. In hunderten Jumelages wird jedes Jahr die deutsch-französische Versöhnung zelebriert und begossen.

Fremde, Grenzgänger und Leitkulturen

Katholisch kommt von griechisch *kat holon*, d. h. das Ganze betreffend. Im übertragenen Sinne «die ganze Welt umfassend». Die Globalität der Botschaft des Evangeliums ist allen großen christlichen Konfessionen eigen. Paulus hat dies in seinem Brief an die Galater klassisch ausgedrückt:

Es gibt nicht mehr Juden und Griechen, nicht Sklaven und Freie, nicht Mann und Frau, denn ihr alle seid «Einer» in Christus Jesus. (Gal 3, 28)

Grenzen von Geschlecht, Nation, Volk und Klasse werden überschritten.

Als sich Kornelius, Hauptmann der sog. italienischen Kohorte in Cäsaräa, von Petrus taufen ließ, sagte Petrus zum Schluss: «Nun erkenne ich in Wahrheit, dass Gott nicht auf die (Herkunft der) Person sieht, sondern in jedem Volk Aufnahme findet» (Apostelgeschichte 10, 34). Vorher waren sie zum Pfingstfest in Jerusalem zusammengekommen. Parther und Meder waren da, Mesopotamier, Bewohner von Judäa und Kappadokien, von Pontus und Asia, von Phrygien und Pamphylien, Ägypter, Libyer und Römer, Kreter und Araber. Alle verstanden sich plötzlich und hörten, was Petrus zu ihnen sagte. Sie waren nicht besoffen, wie einige Leute aus Jerusalem meinten. 3000 ließen sich an diesem Tag taufen (Apostelgeschichte 2, 7–12). Aus Juden, Persern, Griechen und Arabern wurden Christen. Nichts ist der jesuanischen Botschaft fremder als Nationalismus, ethnische Arroganz und deutsche Leitkulturen.

In Kapharnaum zeigte Jesus seine Bereitschaft, Grenzgänger zu sein und sich nicht nationalistisch abzuschließen. Er zerstörte alte Feindbilder, indem er nicht nur Kontakt mit den Zöllnern aufnahm und mit ihnen aß, sondern auch gegenüber den römischen Besatzern keine Berührungsängste hatte (Lk 7, 1–10). Deswegen half er dem römischen Hauptmann, der zu ihm kam, weil er einen todkranken Diener hatte. In diesem Falle musste er allerdings nicht mit den Protesten der jüdischen Meinungsführer rechnen. Die baten ihn nämlich selber, dem Hauptmann zu helfen, denn dieser «liebe unser Volk» und habe «uns die Synagoge gebaut». Auch der Hauptmann war offenbar ein Grenzgänger.

Leider sieht es so aus, als täten sich gerade bei diesem Thema die politisch Verantwortlichen der CDU besonders schwer mit der Orientierung am Evangelium.

Aber schon im Alten Testament im zweiten Buch Moses heißt es:

Einen Fremden sollt ihr nicht ausbeuten. Ihr wisst doch, wie es einem Fremden zumute ist, denn ihr selbst seid in Ägypten Fremde gewesen. (Exodus 23, 9)

Das Schutzgebot gegenüber Fremden zieht sich wie ein Leitmotiv durch die Gebote der Bibel.

Wenn bei dir ein Fremder in eurem Land lebt, sollt ihr ihn nicht unterdrücken. Der Fremde, der sich bei euch aufhält, soll euch wie ein Einheimischer gelten, und du sollst ihn lieben wie dich selbst, denn ihr seid selbst Fremde in Ägypten gewesen. (Levitikus/3. Moses 19, 33–34)

Nächstenliebe ist ein grenzüberwindendes Gebot. Bei der Geschichte vom Samariter haben wir gesehen, dass Nächstenliebe und Hilfe sich nicht beschränken dürfen auf diejenigen, die einem familiär und ethnisch nahe stehen, sondern dass dieses Gebot für alle Menschen gilt, die in Not sind, egal ob Einheimische, Andersgläubige oder Flüchtlinge.

Im Neuen Testament kann man unschwer die Strukturen einer multikulturellen Gesellschaft erkennen: Die Menschen behalten innerhalb eines Gemeinwesens ihre kulturelle Identität. Sie müssen aber die Grundsätze – wir könnten auch sagen, die Verfassung

– akzeptieren, die für alle gelten: die Achtung der Menschenwürde, unabhängig davon, ob jemand arm oder reich, Jude oder Römer, Mann oder Frau ist, die Gleichheit aller Menschen vor Gott und dem Gesetz inklusive der Gleichberechtigung der Frau, die Meinungsfreiheit auch der Obrigkeit gegenüber, die Überwindung einer Klassen- und Apartheid-Gesellschaft durch gleiche Rechte und Pflichten der Einwohner eines Landes.

4.
Jesus und das Kapital

Jesus und die Reichen

Der alte sozialistische Slogan «Die Reichen werden reicher, die Armen werden ärmer» ist Realität.

Weltweit driften Reichtum und Armut in unvorstellbarer Weise auseinander. Es gibt auf der Erde 225 Menschen, die ein Vermögen von einer Billion Dollar besitzen. Das ist genauso viel wie die Hälfte der Menschheit, nämlich 3 Milliarden, an jährlichem Einkommen hat. Gleichzeitig haben 1,3 Milliarden Menschen pro Tag zum Leben weniger als den Gegenwert eines Dollars. Zwei Milliarden können ärztlich nicht regelmäßig versorgt werden und haben kein sauberes Trinkwasser. Für diese Entwicklung ist eine «Wirtschaftsordnung» verantwortlich, die keinen geordneten Wettbewerb kennt, sondern ausschließlich den Interessen des Kapitals dient. *Shareholder Value* nennt man diese Philosophie, die international an die Stelle der Sozialen Marktwirtschaft auf nationaler Ebene getreten ist.

Jesus hat über den Kapitalismus seiner Zeit ein klares Urteil gefällt.

Während einer großen Versammlung forderte ein Teilnehmer Jesus auf, seinem Bruder zu sagen, er solle das Erbe mit ihm teilen. Jesus lehnte diese Richter- oder Schlichterrolle ab, nahm aber die Gelegenheit wahr, sich über das Geld zu äußern:

Gebt Acht, hütet euch vor jeder Art von Habgier. Denn der Sinn des Lebens besteht nicht darin, dass ein Mensch ein großes Vermögen anhäuft und dann im Überfluss lebt. (Lk 12, 13)

Er nannte den Fall eines Mannes, der überlegte, wie er seine Ernte, die in dem betreffenden Jahr sehr gut gewesen war, unterbringen könne. Der Mann riss seine bisherigen Scheunen ab und baute wesentlich größere, um das Getreide und die anderen Vorräte unterzubringen. Er sagte sich, mit dem großen Vorrat, der viele Jahre reicht, kann ich mir ein gutes und flottes Leben machen. Jesus konfrontiert den Mann in dieser Erzählung mit der einfachen Frage: Was wird denn aus deinem ganzen Reichtum, wenn du vielleicht schon heute Nacht stirbst? Wer kriegt dann all das, was du an Reichtum angehäuft hast? (Lk 12, 20).

Jesus nennt die Menschen, deren Gier nach Geld ihre Hirne zerfrisst, Narren, also dumme Leute.

Er schilderte ihnen noch einen anderen Fall (Lk 16, 19): Ein schwerreicher Mann lief nur in den besten Kleidern herum und aß jeden Tag nur feine Speisen. In der Nähe seines Hauses, sozusagen vor seiner Tür, lag aber ein armer Mann namens Lazarus. Der war schwer krank und war überall voll von Geschwüren. Er wäre zufrieden gewesen, wenn er von dem Wohlstandsmüll des Reichen etwas abbekommen hätte. Stattdessen kamen ab und zu Hunde daher und leckten an seinen Geschwüren herum. Wie es so kommt, starben beide Männer zur selben Zeit. Der Arme kam sofort in den Himmel und saß im «Schoß Abrahams», der Reiche wurde begraben und landete – laut Jesus – in der Unterwelt. Der Reiche appellierte an Abraham, ihm wenigstens ein bisschen zu helfen. «Du darfst nicht vergessen», erwiderte Abraham, «dass es dir zu Lebzeiten nur gut ging, während Lazarus fast verhungern musste. Jetzt ist es mal umgekehrt. Außerdem kann ich dir nicht helfen, denn zwischen uns und euch Reichen in der Unterwelt ist ein tiefer unüberwindlicher Abgrund, sodass niemand von hier zu euch oder von dort zu uns kommen kann.» Da bat der Reiche darum, man möge doch jemanden zu seiner Familie schicken, denn er habe dort noch fünf Brüder, die er warnen wolle, damit es ihnen nicht genauso gehe. «Aber die haben doch Moses und die Propheten», sagte Abraham, «auf die sollen sie hören.» Da erwiderte der Reiche: «Nein, nur wenn einer von den Toten zu ihnen kommt, werden sie umkehren.» Darauf sagte Abraham: «Wenn sie auf Moses und die Propheten nicht hören, werden sie sich auch nicht überzeugen lassen, wenn einer von den Toten aufersteht.»

Diese Geschichte ist zwar nicht ganz bergpredigtgemäß, aber sie trifft in ihrem harten Urteil nicht nur die Ölscheichs im Nahen Osten, sondern auch die politisch Verantwortlichen der reichen Industrieländer, die über das Ausmaß der Armut genau Bescheid wissen und dennoch weitermachen, als ob alles in Ordnung wäre. Von den 6,2 Milliarden Menschen auf der Welt leben 4,6 Milliarden in den Entwicklungsländern. Davon sind rund eine Milliarde Analphabeten und davon wieder 80 %, also 800 000 Millionen, Frauen. 11 Millionen Kinder unter fünf Jahren, das sind etwa 30 000 pro Tag, sterben jedes Jahr, weil sie nicht genügend zu essen haben oder weil ihnen Medikamente nicht zur Verfügung stehen. Ein Drittel der Erdbevölkerung muss mit weniger als zwei Dollar täglich leben. Diese Menschen haben weniger zum Leben, als die Bewohner der reichen Industrieländer für Hundefutter ausgeben. Aber arm sein heißt nicht nur, wenig Geld und nichts zu essen haben. Armut bedeutet auch krank sein ohne Aussicht auf Heilung, unwissend sein ohne Chance auf Fortbildung, heißt, sich erniedrigen zu müssen und zu töten, um leben zu können. Mehr als 300 000 junge Mädchen und Jungen in vierzig Ländern kämpfen als Kindersoldaten. Die Bilanz ist trostlos und eine absolute Schande für die nördlichen Industrieländer, vor allem die Vereinigten Staaten und Europa, deren Bewohner in Saus und Braus leben und deren größtes Gesundheitsproblem darin besteht, dass sie zu viel essen.[26]

Die Folgen des Kapitalismus

Nach Auffassung des Neoliberalismus, der viele Köpfe der Regierungen, Parlamente und der Wirtschaftsredaktionen der westlichen Welt beherrscht und ihren Verstand benebelt, ist Armut immer selbst verschuldet und die Folge von Faulheit und Dummheit. In Wirklichkeit sind Armut und Hunger gemacht und die Folge verantwortungsloser Politik.

Einige wenige Beispiele:[27]

– Die landwirtschaftlichen Erzeugnisse, aber auch die einfachen Textil- und Lederprodukte aus den Entwicklungs- und Armutsländern haben keine Chance gegen die hoch subventionierte westliche Konkurrenz.

– Der Kongo ist eines der an Bodenschätzen reichsten Länder der Welt. Die Ausbeutung dieser Schätze kommt so wenig der Bevölkerung zugute wie die Erlöse für das Öl, das seit zehn Jahren in der Mitte des Sudan gefördert wird, sondern fließt in die Taschen der jeweiligen Machthaber und die der westlichen Konzerne, die die Rohstoffe verarbeiten.

– Durch eine gezielte Spekulation westlichen Großkapitals gegen die thailändische Währung Bath, eingeleitet durch New Yorker Großbanken, u. a. die Investmentbank Goldman Sachs, kam es 1997 im Dominoeffekt zu dem Zusammenbruch der Währungen der wichtigsten ostasiatischen Aufsteigerländer und zum bisher größten Desaster der Finanzgeschichte. Der Kapitalmarkt brach zusammen, und die inländischen Firmen wurden billig von den westlichen Großkonzernen aufgekauft. Der Internationale Währungsfonds (IWF) wurde von der US-Regierung mit stillschweigender Billigung der Europäer und der Japaner zum zentralen Schuldeneintreiber der westlichen Großbanken und Anleger umgewandelt und verhinderte mit seinen Instrumenten Liberalisierung, Deregulierung und Privatisierung eine rasche erfolgreiche Sanierung der betroffenen Staaten.

In Nicaragua setzten die IWF-Markttechnokraten die Entlassung von über 200 000 Angestellten und Arbeitern im öffentlichen Dienst und in den staatseigenen Unternehmen durch. Das gesamte Alphabetisierungsprogramm dieses Landes kam zum Stillstand. Stattdessen schufen die neuen Machthaber unter Anleitung der Weltbank die berühmt-berüchtigten Zonas francas, d. h. Sonderwirtschaftszonen, in denen z. B. die internationale Textilindustrie steuerfrei und hinter Stacheldrahtzäunen abgeschottet Jeans und T-Shirts für den amerikanischen und europäischen Markt für Hungerlöhne von unter 50 US-Cent pro Stunde produzieren lässt. Inzwischen gibt es auf der Welt über 900 Zonen dieser Art von Mexiko bis Bangladesch. Zonen, in denen es weder Arbeitsrechte gibt noch Gewerkschaften. Eine der Näherinnen in Nicaragua sagte dem «Spiegel», die Arbeiter und Arbeiterinnen würden gehalten wie Sklaven.

Jesus schildert einen «Knecht», heutzutage wohl ein Manager, der vom «Gutsbesitzer» eingesetzt worden war, um den Arbeitskräften rechtzeitig das Essen zu besorgen. Stattdessen verprügelt er die Arbeiter und Arbeiterinnen und versäuft das Geld bei einem Trinkgelage (Lk 12, 42). Genau das war aber die Politik des IWF gegen die Armutsländer zugunsten der Reichen. Im Gegensatz zum Evangelium, in dem der Knecht bei der Rückkehr des Gutsherrn «in Stücke gehauen» wird, wurden die Direktoren des IWF von den Industrieländern geradezu ermutigt, diese kriminelle Politik fortzusetzen.

Millionen von Menschen haben durch diese Manipulationen der reichen Länder ihr Vermögen und ihre Existenzgrundlage verloren.

Die Frage ist, warum die Kirchen den fälligen massiven Protest gegen diese brutale Form des Spätkapitalismus Organisationen wie Attac oder Amnesty International überlassen und sich nicht selber an die Spitze des Protestes setzen. Jesus hätte nicht nur die Tische im Tempel umgeworfen.

Dürfen Kapitalisten sich Christen nennen?

Natürlich dürfen sie sich Christen nennen; aber ob sie Christen *sind*, hängt wie bei allen anderen Glaubensschwestern und -brüdern nicht davon ab, ob sie getauft sind. Wer bei Firmenzusammenschlüssen die Synergieeffekte nutzt, um die Kapitalrendite und die Dividenden zu erhöhen, aber gleichzeitig Arbeitsplätze abbaut und die wirtschaftliche Existenz von Menschen vernichtet, muss mit einiger Wahrscheinlichkeit den heiligen Zorn fürchten, zu dem Jesus fähig war, wenn er mit Ungerechtigkeit konfrontiert wurde.

Jesus sieht klar, dass die Argumente für das Umdenken, das er verlangt, am meisten gefährdet sind durch einen – so würden wir heute sagen – einseitigen Materialismus.

Seine Worte, so sagt Jesus, fallen bei den Reichen in die Dornen: *Sie hören sie zwar, aber die Interessen der Welt, der trügerische Reichtum und die Gier nach Geld machen sich breit und ersticken sie. (Mk 4, 19)*

Bei der Zusammenkunft mit Multiplikatoren – Lukas nennt sie «führende Männer» – (Lk 18, 18) fragte einer von ihnen, was er tun müsse, um «das ewige Leben zu gewinnen». Er wisse, dass er die zehn Gebote einhalte, erwiderte Jesus. Aber eines fehle ihm noch: Er solle alles verkaufen, was er habe, und das Geld an die Armen verteilen. Der Fragesteller war ein sehr reicher Mann und von der Antwort sichtlich betroffen. Jesus wollte ihn offensichtlich auf die Probe stellen: Er konfrontierte ihn mit dem Grundsatz seiner Botschaft, dass Frömmigkeit und Liebe zu Gott allein nichts nützt, sondern die Liebe zum Nächsten dazukommen muss.

Zehntausende von Menschen haben das Gelübde der Armut abgelegt und vorher ihr Geld und ihren Besitz weggegeben. Das sind die Ordensschwestern und Ordensbrüder, die Nonnen und Mönche, die in einer besonderen Form Jesus nachfolgen wollen. Das ist nicht jedermanns Sache. «Wer es fassen kann, der fasse es», sagt Jesus. Diese absolute Armut ist nicht die politische Botschaft des

Evangeliums. Das Leben in Slums und das Wohnen zu zwölft in einer 18 Quadratmeter großen russischen Kommunalwohnung mit einer Badewanne und einer Küche ist nicht der Idealzustand des Lebens eines Christen. Aber er muss alles in seinen Kräften Stehende dafür tun, dass menschenunwürdige Lebensverhältnisse beseitigt werden.

Wie wir gleich anschließend bei der Geschichte mit dem Oberzöllner Zachäus sehen werden, kommt es für Jesus bei einem reichen Menschen auf die Gesinnung und die daraus resultierende Bereitschaft zum Teilen an. Seine Verurteilung der Satten und der Reichen, die nichts abgeben wollen, ist beeindruckend (Lk 6, 24). Der moderne Kapitalismus kennt keine Werte jenseits von Angebot und Nachfrage; er verabsolutiert die Interessen des Kapitals. Der Mensch spielt nur noch eine untergeordnete Rolle. Das Spannungsverhältnis zwischen menschlicher Arbeit und dem Einsatz des Kapitals haben die Kommunisten dadurch zu lösen versucht, dass sie das Kapital eliminierten und die Kapitaleigner liquidierten. Daran sind sie bekanntlich gescheitert. Heute eliminiert das Kapital die Arbeit und liquidiert die Menschen an ihren Arbeitsplätzen. Der Kapitalismus ist genauso falsch wie der Kommunismus. DaimlerChrysler könnte mit seinem Kapital nichts anfangen, wenn es nicht Menschen gäbe, die aus diesem Kapital Autos bauen, die so gut sind, dass wieder andere Menschen diese Fahrzeuge kaufen.

Diese Erkenntnis kann man aus dem Evangelium mitnehmen: Wer den Börsenwert und den Aktienkurs eines Unternehmens verabsolutiert und nur noch die Kapitalinteressen ökonomisch gelten lässt, gehört zu den Menschen, die, wie Jesus sagt, viel Geld besitzen und für die es schwer sein wird, in das Reich Gottes zu kommen.

Leichter geht ein Schiffstau (falsch übersetzt: ein Kamel) durch ein Nadelöhr, als dass ein Reicher in das Reich Gottes gelangt. (Mt 19, 24)

Schon die Propheten hatten sich mit dem Problem des Reichtums und des sozialen Ausgleichs auseinander gesetzt und vor allem für die politisch Verantwortlichen harte Worte gefunden:

Lernt Gutes zu tun! Sorgt für das Recht! Helft den Unterdrückten! Verschafft den Waisen Recht! Tretet ein für die Witwen! Mein Volk, deine Fürsten sind Aufrührer und eine Bande von Dieben. Alle lassen sie sich gerne bestechen und jagen Geschenken nach ... Ihr habt den Weinberg geplündert. Eure Häuser sind voll von dem, was ihr den Armen geraubt habt. (Jes 1, 3)

Der Oberzollpächter Zachäus

Auf seiner letzten Reise nach Jerusalem kam Jesus nach Jericho und ging durch die Stadt (Lk 19, 1–10). In Jericho wohnte ein schwerreicher Mann namens Zachäus. Er war der oberste Zollpächter in dieser für Rom wichtigen Grenzstadt und verantwortlich für die Eintreibung der indirekten Steuern, die in den einzelnen römischen Provinzen an den Kaiser abgeführt werden mussten. Das waren im Wesentlichen Zölle wie Wege-, Brücken-, Tor-, Hafeneinfuhr- und Ausfuhr-Zölle. Zum Zwecke der Steuererhebung waren die Provinzen in Bezirke aufgeteilt. In Judäa allein gab es elf solcher Steuerbezirke. Während die direkten Steuern durch eine einheimische Behörde erhoben wurden, überließ man die Eintreibung der indirekten Steuern dagegen den meistbietenden Steuerpächtern. Der römische Staat bekam dadurch eine feste Einnahme ohne jedes Risiko, da der Steuerpächter die vorgeschriebene Summe in jedem Fall abliefern musste.[28] Die Steuerpächter wiederum ließen die Steuern durch Unterbeamte, die so genannten Zöllner, die uns im Evangelium immer wieder begegnen, eintreiben. Vielfach wurde die Bevölkerung von diesen Zöllnern massiv ausgebeutet, denn jeder Pächter strengte sich natürlich an, ein Vielfaches der Pachtsumme aus den Steuerzahlern herauszuholen. Das war der Grund, warum die Zöllner in Israel außerordentlich verhasst waren.

Dieser Zachäus wollte nun Jesus auf jeden Fall sehen. Weil er aber von kleiner Statur war, versperrte ihm die Menschenmenge die Sicht. Er rannte voraus und stieg auf einen Maulbeerfeigenbaum, um Jesus sehen zu können, der dort vorbeikommen musste. Jesus sah ihn auf dem Baum sitzen und sagte zu ihm, er solle herunterkommen, denn er wolle heute bei ihm zu Hause einkehren. Das ließ sich Zachäus nicht zweimal sagen und holte Jesus in seine Villa. Die Leute empörten sich maßlos, weil Jesus bei einem solchen Ausbeuter, wie sie sagten, zu Gast war. Aber der Besuch hatte das gewünschte Ergebnis. Dem Zachäus schlug das schlechte Gewissen, und er sagte zu Jesus und der Tischgesellschaft:

Jetzt will ich die Hälfte meines Vermögens den Armen geben, und denjenigen, von denen ich zu viel abkassiert habe, will ich das Vierfache zurückgeben. (Lk 19, 8)

Von weiteren Protesten wird nichts mehr berichtet. Jesus war offenbar mit der Spende und dem Verhalten des Zachäus zufrieden und nennt ihn zum Lohn dafür einen Sohn Abrahams. Wahrscheinlich würde Jesus nicht verlangen, dass die reichen Industrieländer 50 Prozent ihres Volksvermögens an die Entwicklungsländer abtreten. Es würde ja genügen, wenn sie einen Teil ihres Wohlstandszuwachses zur Verfügung stellten.

Als Jesus mit einigen Pharisäern wieder einmal beieinander war, prägte er den klassischen Satz:

Ihr könnt nicht zwei Herren dienen,
Gott und dem Mammon. (Lk 16, 13)

Die anwesenden Pharisäer, die sehr am Geld hingen und zu den wohlhabenden Leuten im damaligen Israel gehörten, hatten offenbar eine solche finanzethische Bewertung des Reichtums noch nie gehört und lachten Jesus aus.

Ihr redet den Leuten ein, kontert Jesus, dass ihr gerecht seid. Aber Gott kennt euer Herz. Denn was ihr für großartig haltet, das ist in seinen Augen ein Gräuel. (Lk 16, 14)

Jesus hat das Geld, den Mammon nicht abgeschafft. Er selber und seine Freundinnen und Freunde hatten eine Kasse, die von Judas verwaltet wurde. Ordentliches Essen und Trinken gehörten zu seinem Leben. Fast jede zweite Geschichte berichtet von Mittag- und Abendessen und großen Volksspeisungen. Aber Jesus hat das Geld moralisch entwertet und dem Kapital die Funktion zugeordnet, die es auch in der modernen Ökonomie hat: Es hat dem Menschen zu dienen und nicht die Menschen zu beherrschen.

5.
Helfen und Heilen

Er heilte Kranke, aber wie?

Wichtig war für Jesus zunächst einmal, den Menschen in schwierigen Situationen zu helfen, zum Beispiel, wenn sie krank oder behindert waren. Viele von ihnen hat er geheilt. Mit welchen medizinischen Mitteln er das gemacht hat, wissen wir heute nicht mehr. Und höchstwahrscheinlich haben es auch seine Zeitgenossen nicht verstanden, sonst wären nicht die vielen Wundergeschichten erzählt worden, an die man aber nur schwer glauben kann. Dennoch sollte man nicht zu überheblich sein, was so genannte Spontanheilungen, vor allem bei Krebs, betrifft. Langsam beginnt die Forschung sich dieser Phänomene anzunehmen.[29] Dass es parapsychologische Effekte gibt, ist im übrigen genauso unbestritten wie die Tatsache, dass Psyche und Autosuggestion Mediatoren und Botenstoffe mobilisieren können, die das Immunsystem beeinflussen.

Aber zurück zu Jesus. Die Bereitschaft zu helfen nahm mitunter spektakuläre Formen an. Eines Tages brachten einige Männer einen Gelähmten auf einer Tragbahre zu ihm. Sie kamen aber nicht in das Haus hinein, wo Jesus redete, weil der Raum überfüllt war. Daraufhin stiegen sie aufs Dach, deckten die Ziegel ab und ließen den Mann auf der Tragbahre in die Mitte des Raumes hinunter, genau vor Jesus hin, der ihm dann auch geholfen und ihn wie auch immer geheilt hat.

Es war klar, dass solche Geschichten ein ungeheures Aufsehen erregten. Zum Beispiel berichtet Matthäus, Jesu Ruf habe sich in ganz Syrien verbreitet, und man habe Kranke mit den verschiedensten Leiden und Gebrechen zu ihm gebracht: Besessene, Mondsüchtige und Gelähmte, sie hatten Krankheiten, die wir heute wahrscheinlich anders nennen, genauer definieren und auch besser beurteilen könnten.

Dass Jesus ärztlich tätig war, kann man unterstellen. Aber etwas ist sicher: Er stellte sich gegen das in der Antike und auch im Judentum weit verbreitete Dogma, Krankheit sei eine Strafe Gottes. Zwischen Schuld und Sünde auf der einen Seite und bestimmten Krankheiten auf der anderen Seite wurden im Judentum strenge Kausalitäten hergestellt:[30] Zauberei verursacht Magersucht, Bestechlichkeit führt zu Erblindung, Verleumdung, Meineid und Hochmut bewirken Aussatz, Beischlaf bei Tageslicht macht epileptisch – natürlich sind regelwidriger Geschlechtsverkehr und so genannte Unzucht für nahezu alle Krankheiten verantwortlich. Jesus bestritt nachdrücklich solche Zusammenhänge.

Rabbi, wer hat gesündigt, dass er blind geboren wurde? Er selbst? Oder seine Eltern?, wird er von seiner Umgebung bei einer Blindenheilung gefragt.
Weder er noch seine Eltern, war die Antwort. *(Joh 9, 3)*

Jesus sieht in dem Kranken nicht einen strafwürdigen Sünder, sondern einen Menschen in Not, dem er helfen will.

Nach den Regeln der Pharisäer waren ärztliche Tätigkeiten am Sabbat streng verboten, außer bei akuter Lebensgefahr. Jesus hat zugunsten kranker Menschen diese rabiaten Bestimmungen missachtet und übertreten und scharfe Kritik und Verfolgung im Interesse der Hilfesuchenden ganz bewusst in Kauf genommen.

Der Teich Bethesda am Schafstor

In Jerusalem gab es damals beim Schafstor einen Teich, der auf Hebräisch Bethesda hieß. Dort befanden sich fünf Säulenhallen, in denen viele Kranke lagen, die zur Heilung und Linderung im Teich badeten, darunter Blinde, Lahme und Verkrüppelte, so berichtet Johannes.

Lange Zeit wurde es als wissenschaftlich so gut wie sicher angesehen, dass es diesen Teich mit seinen fünf Hallen überhaupt nicht gegeben hat; er sei vielmehr eine Erfindung des Johannes gewesen. Dafür wurden vor allem zwei Gründe angeführt: Erstens erwähne kein Historiker, nicht einmal der in Jerusalem geborene Josephus Flavius, diesen Teich, und zweitens sei man nirgendwo in Jerusalem auf eine Spur dieses Teiches gestoßen.[31] Nun gehört gerade der Bethesda-Teich mit seinen fünf Hallen zu den Einwänden der Bibelkritik, die sich dann letztendlich doch als unhaltbar herausgestellt haben. 1959 wurde der Text einer in Qumran aufgefundenen Kupferrolle veröffentlicht, darin wird dieser Teich eindeutig erwähnt. Außerdem haben die neuesten Grabungen ebenfalls die Existenz der Teichbecken erwiesen.

An diesem Teich ereignete sich ein Zwischenfall, der den Stein der Strafverfolgung gegen Jesus endgültig ins Rollen bringen sollte. Der Skandal bestand nicht nur darin, dass der Mann am Sabbat geheilt wurde, was verboten war. Am Sabbat darf nach dem jüdischen Gesetz keine Tätigkeit, auch nicht eine Krankenheilung, ausgeübt werden. Die Sadduzäer, aber auch einige Pharisäer, griffen Jesus schon deswegen an. Aber Jesus forderte die Gesetzeslehrer und Gesetzeshüter zusätzlich noch dadurch heraus, dass er zu dem Geheilten sagte: «Nimm deine Tragbahre und geh weg.» Am Sabbat ein Bett zu tragen, ging nun überhaupt nicht. Der Geheilte wurde angehalten und beschuldigt, durch das Tragen der Bahre gegen das Gesetz zu verstoßen. Darauf sagte er: «Der Mann, der mich geheilt hat, hat mir dies befohlen.»

Als die Schriftgelehrten Jesus daraufhin zur Rede stellten, rechtfertigte er sich damit, der Messias zu sein, aber in einem ganz anderen Sinne, als die Juden dies erwarteten. Nicht als König, der die Juden militärisch von der Okkupation der Römer befreit, sondern als der Messias, der eine neue Welt der Liebe gründet. Das war für die jüdische Obrigkeit etwas völlig Fremdes und fast eine Gotteslästerung.

Jesus half den Menschen unabhängig von ihrer Herkunft, was in den Augen vieler Juden ebenfalls ein Skandal war. Er kümmerte sich um Menschen aus Galiläa, der Dekapolis, aus Jerusalem und Judäa und aus dem Gebiet jenseits des Jordan. Er half dem gelähmten Diener des römischen Hauptmanns und der Tochter einer Syrophönizierin. Er sorgte für den Aussätzigen aus Samaria und half dem geistig Behinderten aus Galiläa, der nicht mehr reden konnte.

Bethesda heißen heute viele evangelische Krankenhäuser und Behinderteneinrichtungen. Die Kranken und Krüppel von damals sind auch die Kranken und Krüppel von heute. Hinzugekommen sind Arbeitslose, Langzeitarbeitslose, die plötzlich ihre Schulden nicht mehr bezahlen können, Scheidungswaisen, allein erziehende Mütter, Familien mit vielen Kindern, Wohnungsuchende, kinderreiche Familien mit nur einem Erwerbseinkommen oder Rentnerinnen, die aus Scham nicht zum Sozialamt gehen, mehrfach Behinderte, die gegen ihren Willen in stationäre Einrichtungen gebracht werden.

Die Botschaft Jesu ist vor allem eine Verheißung des Lebens für die Armen, Kleinen, Sanftmütigen und Gewaltlosen. Wenn er fordert, heilig zu sein, so, wie Gott heilig ist, dann fordert er gleichzeitig, barmherzig zu sein, so, wie Gott barmherzig ist (Lk 6,36). Jeder, der in der CDU ist, muss sich vom Evangelium sagen lassen, dass Gottesliebe ohne Nächstenliebe abstrakt, unwirklich bleibt. Und viele, die sonntags in die Kirche gehen, sollten sich an den Johannesbrief erinnern:

Wenn jemand sagt: Ich liebe Gott, aber seinen Bruder hasst, ist er ein Lügner.

Wer für die Sozialpolitik eine besondere Verantwortung trägt, sollte mit dafür sorgen, dass Betriebe wettbewerbsfähig bleiben und kostengünstig arbeiten können. Unternehmer, die Mitglieder in der CDU sind, haben die Verpflichtung, nicht zu verhärten, nicht alles dem Gesetz des Markts zu überlassen, sondern ein offenes Herz zu bewahren für Menschen, die weniger tüchtig sind, weniger leisten können, die hilflos sind. Die innere Einstellung zu sozial Schwachen ist das Kriterium, durch das sich Christliche Demokraten von Liberalen unterscheiden müssen.

Im Sozialhilferecht wird das Vermögen der Sozialhilfeempfänger angerechnet, und Asylbewerber bekommen zunehmend nur noch Naturalien. Diese und andere Bestimmungen muss man kritisch betrachten, wenn man das Wort aus dem Alten Testament nach der Befreiung aus der Knechtschaft in Ägypten ernst nimmt:

Du sollst das Recht von Fremden, die Waisen sind, nicht beugen. Du sollst das Kleid einer Witwe nicht als Pfand nehmen. Denk daran: Als du in Ägypten Sklave warst, hat dich der Herr dein Gott dort freigekauft, darum mache es dir zur Pflicht, diese Bestimmung einzuhalten. (Deut 24, 17)

Eine Gesellschaft mit einem menschlichen Gesicht braucht ein soziales Klima, das durch den Geist der Botschaft Jesu und nicht durch Ellbogenegoismus und *Catch-as-catch-can*-Mentalität geprägt ist. Die Auseinandersetzung um die Rentenversicherung in Deutschland hat gezeigt, dass die Entsolidarisierung zunimmt. Die Jungen werden gegen die Alten mobilisiert und umgekehrt.

Würde Christus die Mentalität gutheißen, alles aus einer Kasse, in die man eingezahlt hat, herauszuholen? Wenn jemand krank feiert, verstößt er gegen die Gerechtigkeit und beutet die

Solidargemeinschaft aus. Auch derjenige, der jemanden krankschreibt, obwohl dieser gar nicht krank ist, ist ein Betrüger.

Eine Frau war chronisch krank und litt über zehn Jahre an Blutungen. Sie hatte viele Ärzte konsultiert und bei den unzähligen Untersuchungen sehr gelitten. Schließlich hatte sie ihr ganzes Vermögen darangegeben, um geheilt zu werden, aber umsonst. Der Zustand war immer schlimmer geworden.

Dies ist kein Bericht aus der Bundesrepublik Deutschland, sondern aus Palästina im Jahre 30 n. Chr. Er steht im Markus-Evangelium (Mk 5, 25). Zweitausend Jahre später wird Arbeitnehmern, die jahrzehntelang Beiträge in die Kranken- und Arbeitslosenversicherung bezahlt haben, nach sechs Wochen, wenn sie also in der Regel chronisch krank geworden sind, das Krankengeld aus der gesetzlichen Krankenversicherung gestrichen. Wenn sie arbeitslos und gemäß den derzeitigen Vorstellungen der Bundesregierung nach zwölf Monaten Arbeitslosengeld Sozialhilfeempfänger werden, dann müssen sie, bevor sie Sozialhilfe bekommen, beträchtliche Teile ihres angesparten Vermögens für den eigenen Unterhalt aufwenden und verbrauchen. Aber für diese Risikofälle haben sie ja gerade Beiträge bezahlt und Geld gespart.

Das Problem der Krankenversicherung ist ein moralisches. Wenn wir eine Volksversicherung hätten und alle mit der Solidargemeinschaft verantwortlich umgingen, könnten wir sie gut finanzieren und brauchten keine britischen Perspektiven. In Großbritannien werden bestimmte Menschen aus der medizinischen Versorgung ausgegrenzt. Jemand, der älter ist als achtzig Jahre, erhält kein künstliches Hüftgelenk, bekommt keine Bypass-Operation und keinen Herzschrittmacher. Eine solche Gesellschaft hat mit Jesus so viel zu tun wie Margaret Thatcher mit der Mutter Theresa. In den Vereinigten Staaten, die den Namen Gottes in ihrer Unabhängigkeitserklärung anrufen, gibt es ungefähr 50 Millionen Menschen, die keinen Krankenversicherungsschutz haben, und für die übrigen besteht er nur, solange sie einen Job haben.

Isa, Eileyn, Zefti und die anderen

Kinder spielten in der damaligen Gesellschaft keine Rolle. Sie galten als unfertige Erwachsene. Als man eines Tages kleine Kinder zu Jesus brachte, damit er ihnen die Hände auflege, wurden sie von seinen Jüngern schroff zurückgewiesen. Jesus befahl ihnen zu ihrer Überraschung, die Kinder, die offensichtlich vor Schreck weggelaufen waren, wieder zurückzuholen. Ihnen gehöre der Himmel, sagte er, und wer den Glauben nicht so annehme wie die Kinder, der komme gleich gar nicht hinein.

Er verwendet auch hier wieder die Aufforderung «metanoeite» und verlangt, umzudenken und wie die Kinder zu werden. Er identifiziert sich mit den Kleinen und sagt, wer ein solches Kind aufnehme, der würde ihn, Jesus, selber aufnehmen.

Jesus würde heute noch viel nachdrücklicher als damals die Erwachsenen auffordern, die Kinder nicht zu verachten. Die International Labour Organisation (ILO) schätzt, dass 250 Millionen Kinder zwischen 5 und 14 Jahren unter den Bedingungen von Leibeigenschaft, Prostitution, Schuldknechtschaft, Zwangs- und Sklavenarbeit ihren Lebensunterhalt verdienen müssen. Hundert Millionen Kinder besuchen keine Schule – aufgrund von Armut, Diskriminierung und dem Mangel an Schulen und entsprechender Ausstattung. 500 Millionen Kinder leben von weniger als umgerechnet einem Dollar am Tag.[32]

Die 17-jährige Isa aus Aserbaidschan sagte einem Betreuer von Unicef: «Seit sechs Jahren ist meine Schule ein Eisenbahnwaggon. Es ist schwer, dort zu lernen. In den Fenstern ist kein Glas, im Sommer ist es zu heiß, im Winter zu kalt ... Ich habe keine Handschuhe, und so kann ich kaum schreiben. Nach ein oder zwei Unterrichtsstunden in der Kälte lässt uns der Lehrer meistens heimgehen.»

Die 15-jährige Eileyn aus Costa Rica sagte: «Ich bin mit 13 Jahren wegen finanzieller Probleme von der Schule abgegangen. Mit 15 wollte ich wieder am Unterricht teilnehmen, aber sie haben mich nicht mehr genommen.»

Und die 14-jährige Zefti aus Eritrea erzählte: «In der Nacht habe ich immer Angst. Immer kommen Betrunkene und belästigen mich. Einmal habe ich versucht, mit meinen Geschwistern wegzulaufen. Aber wir konnten nirgends hin, hatten nichts zu essen und keinen Platz zum Schlafen. Also sind wir zurückgekommen. Jetzt ist es sogar noch schlimmer. Es gibt nicht viele wie mich. Die meisten haben wenigstens noch einen Elternteil. Wir sind immer arm. Wir essen und trinken nie was Richtiges, wie es die anderen tun.»

Kaushalya, 14 Jahre alt, aus Indien, berichtete: «Ich habe in den Steinbrüchen von Feridabad in Nordindien gearbeitet. Unter irgendeinem Vorwand wurde ich immer wieder geschlagen. Es sah so aus, als ob das Darlehen, das mein Vater aufgenommen hatte und für das ich arbeiten musste, nie zurückgezahlt würde. Ein ums andere Jahr habe ich gearbeitet.»

Ein 16-jähriges Flüchtlingsmädchen aus Somalia berichtet Unicef: «Ich wohne in einem kaputten ehemaligen Regierungsgebäude ohne Dach mit meiner 14-jährigen Schwester und meinen drei Kindern – einem Sohn und zwei Mädchen, Zwillingen. Das älteste Kind ist mein vierjähriger Sohn, und die Zwillinge sind 1 $^1/_2$ Jahre. Wenn ich betteln gehe, nehme ich die Kinder mit. Meine Schwester geht auch betteln. Wir essen dann gemeinsam, was wir kriegen.»

Kinderarbeit und Prostitution

In Madras sammeln 40 000 Kinder Altpapier für 15 Cent pro Tag. In Pakistan werden 80 % aller Teppiche unter katastrophalen gesundheitlichen Bedingungen von Kindern geknüpft und in amerikanischen und europäischen Handelshäusern preiswert verkauft. In Kolumbien müssen Tausende von Kindern täglich elf Stunden in

Zechen Kohle schippen, zum Tagelohn von 70 Cent. Noch vor einigen Jahren importierte die EU zum Nutzen der europäischen Industrie 11,3 Millionen Tonnen billiger Steinkohle aus diesem Land. Aus Brasilien berichtet Unicef, dass dort rund 7,5 Millionen Jungen und Mädchen im Alter von 7 bis 17 Jahren als billigste Arbeitskräfte ausgebeutet werden. Besonders schlimm sei das Los der Hausmädchen, von denen 820 000 offiziell registriert seien. Die Dunkelziffer sei jedoch viel höher. Viele von ihnen würden sexuell missbraucht und bei Schwangerschaft hinausgeworfen. Ihnen bleibe auf der Straße dann meist nur noch die Prostitution. Weltweit gerate so über eine Million Mädchen in die Fänge von Zuhälterringen.

Laut Unicef leiden auch mehr als 200 Millionen Kinder unter fünf Jahren an Vitamin-A-Mangel. Und täglich sterben etwa 35 000 Kinder an Hunger und leicht vermeidbaren Krankheiten wie etwa Durchfallerkrankungen. Einfache und billige Salz-Zucker-Lösungen könnten schon helfen. Eine ausreichende Versorgung mit Vitamin A würde die Kindersterblichkeit um bis zu 23 % senken und die Kinder vor schweren Behinderungen bewahren. 49 Millionen Kinder sind mangelernährt, $2/3$ davon in Asien. In Afrika hat die absolute Zahl der mangelernährten Kinder noch zugenommen. So wie die 16-Jährige aus Somalia bringen jedes Jahr Jugendliche 15 Millionen Kinder zur Welt. Aber die Rüstungsausgaben in fast allen Ländern wachsen ins Unendliche.

Der Regisseur Fernando Meirelles hat einen Film gedreht über die Favelas in Rio de Janeiro und die Situation der Kinder, die dort leben. Der Film heißt «City of God», und es gibt darin eine Szene, in der die Handlanger eines Drogenbosses Kinder aufgreifen, die aus Hunger geklaut haben. Der Drogenboss hat bestimmt, dass in seinem Revier weder gestohlen noch geraubt werden darf, und wer gegen diese Verabredung verstößt, hat die Wahl: entweder der Schuss ins Bein oder in die Hand. Diese furchtbaren Exekutionen werden im Film gezeigt. Szenen, in denen die Kinder ihre kleinen

Hände und Füße hinhalten müssen und dann selber bestimmen, ob in die Hand oder in den Fuß geschossen wird. Die Kinder der Favela wissen, dass sie jung sterben werden, und sie erleben das wie ein unausweichliches Schicksal.

Das sind nur wenige Beispiele für die furchtbare Situation, in der sich Millionen von Kindern in der heutigen Welt befinden. Jesus sagt zu den Leuten, die Kinder missbrauchen:

Wer einen von diesen Kleinen zum Bösen verführt, für den wäre es besser, wenn er mit einem Mühlstein um den Hals im tiefen Meer versenkt würde. (Mt 18, 6)

6.
Jesus und die Frauen

Die Situation der jüdischen Frauen in Palästina

Innerhalb des jüdischen patriarchalen Systems hatten die Frauen einen ganz bestimmten Stellenwert: Die Frau war für den Haushalt und für das Essen zuständig und musste dem Vater, dem Herrn der Familie, bedingungslos gehorchen. Außerdem war sie auch noch verpflichtet, ihrem Mann Gesicht, Hände und Füße zu waschen, als ob er das nicht selber gekonnt hätte: Die jüdischen Männer waren offenbar lauter kleine Sonnenkönige wie Ludwig XIV., der sich noch nicht einmal selber anziehen konnte. Konsequenterweise sprach auch nur der Hausvater das Tischgebet, wie wir aus den Evangelien wissen. Er brach das Brot und teilte es aus. Gebacken hatte es aber die Frau.

Die Töchter waren zwar bereits mit zwölf Jahren heiratsfähig, konnten jedoch im Gegensatz zu den Knaben weder lesen noch schreiben. Daher durften sie auch nicht heiraten, wen sie wollten. Die Wahl des Bräutigams war wiederum Sache des Vaters – wie heute noch im Islam.

Das Recht zur Scheidung war ein Vorrecht des Ehemannes. Aber gewisse Rechte hatte die Frau auch. Wenn ihr Ehemann sich weigerte, mit ihr zu schlafen, oder aussätzig wurde und unfähig war, für die Familie zu sorgen, konnte die Frau vor Gericht die Scheidung verlangen, während im umgekehrten Fall die Scheidungsurkunde vom Mann ohne Gerichtsentscheidung ausgefüllt und ausgehändigt wurde.

Die Töchter durften die Frauengemächer nur ausnahmsweise verlassen. Diese Separierung war aber in den Dörfern, auch in Galiläa, nicht durchführbar, weil die Häuser viel zu einfach und zu ärmlich gebaut waren und die Frauen ja beim Wasserholen am Brunnen ständig mit anderen Leuten zusammentrafen.

In der Zeit, in der Jesus lebte, wehte den jüdischen Frauen der Wind stärker ins Gesicht als früher. Durch den Hellenismus, d. h. den Einfluss der Griechen, wurden die Beziehungen zwischen Mann und Frau liberalisiert, und die strenggläubigen Juden sahen darin eine tödliche Gefahr für ihr Verhältnis zu Gott und zur Welt. Schöne fremde Frauen heirateten bis in die höchsten Kreise der damaligen jüdischen Gesellschaft, deren Kosmetik, Mode und Lebensart das herkömmliche Frauenbild des Judentums infrage stellten.[33] Die Pharisäer behaupteten auch, dass die zur Schau gestellte Schönheit der Frauen die geschlechtliche Begierde der Männer anstachelte und damit ihren Hang zur Sünde schürte. Der Islam ist bei dieser Einstellung leider bis heute geblieben.

Das Zusammenleben in der Familie war immer wieder kompliziert, weil die Frauen wegen ihrer Monatsblutung tagelang als unrein galten und dadurch auch ihre Umgebung verunreinigten. Man konnte nach strenger jüdischer Auffassung schon allein dadurch unrein werden, dass man Gegenstände anfasste, die vorher die Frau berührt hatte.

In der damaligen Zeit wurde den Frauen das volle Menschsein abgesprochen, ihre Ebenbürtigkeit mit dem Mann wurde nicht akzeptiert. Josephus Flavius schrieb: «Die Frau ist in jeder Hinsicht weniger wert als der Mann.»

Die meisten Familien in Palästina lebten an der Armutsgrenze, und die Hauptlast für das Überleben trug die Ehefrau, die neben der Hausarbeit noch in der Landwirtschaft tätig war oder einer anderen Erwerbsarbeit nachging und dafür als Entgelt kein Geld, sondern nur Nahrung, Kleidung und Unterkunft erhielt.

Maria Magdalena

Jesus war Freitagmittag gestorben und von Josef aus Arimathea und Nicodemus, die Anhänger von Jesus gewesen waren, in ein Grab gelegt worden. Sie hatten ihn mit wohlriechenden Salben, die aus einer Mischung aus Myrrhe und Aloe bestanden und etwa 100 Pfund wogen, balsamiert und mit Leinbinden umwickelt. In der Nähe des Kreuzigungsortes war ein Garten mit einem neuen Grab, in dem noch niemand bestattet worden war, und sie legten Jesus hinein.

Maria von Magdala, genannt Maria Magdalena, hatte dies beobachtet und ging frühmorgens zum Grab (Joh 20, 1–18). Es war noch dunkel, und sie war allein. Das war nicht ungefährlich: Einmal war es noch Nacht, und zweitens musste sie damit rechnen, von Soldaten gefangen genommen zu werden. Wir wissen nicht, was sie dazu getrieben hat, dieses Wagnis auf sich zu nehmen. Man kann es nur ahnen. «Ihre Furcht vor der einsamen Dunkelheit hatte sie nicht abgehalten hinzugehen», schreibt Uta Ranke-Heinemann. Ein Grund wird vom Evangelisten Johannes nicht genannt. «Aber welcher Mann wüsste denn auch die Gründe einer Frau zu sagen, die nachts allein zu einem Grab geht? Sie ging hin, um zu weinen.»[34]

Es ist immer noch dunkel, als sie beim Grab ankommt. Sie macht eine aufregende Feststellung: Der Stein ist weggerollt, und niemand ist da. Da läuft sie außer sich vor Angst und Kummer in die Stadt und holt Petrus und Johannes, die nun auch zum Grab laufen. Aber das Grab ist leer. Es liegen nur die Leichentücher darin. Dann haben die Männer genug gesehen und gehen wieder nach Hause.

Aber Maria bleibt da, steht vor dem Grab. Weinend beugt sie sich in die Grabkammer hinein und sieht plötzlich zwei Engel, die sie fragen, warum sie weine. «Weil man Jesus weggenommen hat», sagt sie, «und ich weiß nicht, wohin man ihn gelegt hat»

(Joh 20, 13). Die Männer sagen nichts. Sie dreht sich um, geht wieder aus dem Grab hinaus und sieht jemand anderen da stehen, den sie für den Gärtner hält. Und auch dieser fragt nach den Gründen für ihre Tränen, und wen sie suche. «Herr, wenn du ihn weggebracht hast», ist ihre Antwort, «sag mir, wohin du ihn gelegt hast. Dann werde ich ihn holen.» Da sieht der Fremde sie an und sagt nur ihren Namen «Maria». Da erkennt auch sie ihn und sagt ebenfalls nur ein Wort: «*Rabbuni*.»

«Halte mich nicht fest», sagt er nachher zu ihr, «denn ich bin noch nicht zum Vater hinauf gegangen.» Offenbar haben sie sich umarmt.

Man kann es drehen und wenden, wie man will, meint Uta Ranke-Heinemann, «es ist eine Liebesgeschichte, wenn auch nur eine märchenhafte». Aber man kann es auch anders sehen: Es ist nur eine Märchengeschichte, aber dennoch eine wahre ...

Dass hier etwas geschehen ist, was unter zölibatären Gesichtspunkten nicht so gerne gesehen wird, kann man an dem offiziellen Kommentar erkennen, den man in der Einheitsübersetzung der katholischen und evangelischen Kirche zu dem Satz «Halte mich nicht fest» lesen kann: Maria hat Jesus natürlich nicht umarmt oder gar geküsst, so die Kommentatoren, sondern sich ihm «zu Füßen geworfen und diese umfasst oder umfassen wollen» – wie es sich gehört.[35]

Jüngerinnen

Maria von Magdala war jedenfalls die Frau, die in der Gefolgschaft von Jesus eine hervorgehobene Stellung hatte. Als Jesus von Stadt zu Stadt und von Dorf zu Dorf wanderte und das Evangelium verkündete, war er nicht allein. Lukas berichtet, dass die zwölf Apostel ihn begleiteten und eine Gruppe von Frauen, von denen einige namentlich genannt werden: Maria von Magdala, «aus der sieben

Dämonen ausgefahren waren», Johanna, die Frau des Chuzas, eines Beamten des Herodes, und Susannah. Weitere Frauen heißen Maria (mehrere) und Salome. Dazu gehören auch noch Martha und Maria, die Schwestern des Lazarus. Die Frauen lebten offensichtlich in der Gemeinschaft, mit der Jesus in den zweieinhalb Jahren seiner Tätigkeit in Galiläa und Judäa seine Botschaft verkündete. Diese Frauengruppen tauchen auch immer wieder auf, und Maria von Magdala wird regelmäßig an erster Stelle genannt, so wie Petrus immer an die Spitze der Männer gestellt wird, die Jesus begleiteten. Auch wenn diese Frauen längst nicht so häufig in den Evangelien vorkommen wie die Apostel, gibt es dennoch keinen Anhaltspunkt dafür, dass sie nicht zu dem engeren Kreis um Jesus herum gehörten. Sie blieben auch bei ihm, als er gefoltert und gekreuzigt wurde.

Auch viele Frauen waren dort (bei der Kreuzigung) und sahen von weitem zu. Sie waren Jesus, so schreibt Matthäus, *seit der Zeit in Galiläa nachgefolgt und hatten ihn unterstützt. (Mt 27, 55)*

Von den Männern ist in allen Berichten über die entscheidenden kritischen Stunden von der Verhaftung bis zur Kreuzigung mit Ausnahme der unrühmlichen Verleugnung des Petrus im Hofe des Kaiphas nichts zu hören und zu sehen. Sie hatten sich aus dem Staub gemacht und versteckten sich, wie sich hinterher herausstellte, in einer Wohnung in Jerusalem. Ganz anders die Frauen, die bei der Kreuzigung und der Grablegung präsent waren. Die Frauen ließen sich offensichtlich nicht einschüchtern. Sie wagten sich in die Nähe des Kreuzes und identifizierten sich durch ihre Anwesenheit mit dem als Verbrecher hingerichteten Jesus von Nazareth. Das Verhalten der Frauen in dieser Phase ist eine gradlinige und konsequente Fortsetzung ihrer Mitgliedschaft in der engen Gemeinschaft von Jesus. Es ist deshalb nicht leicht zu verstehen, warum im Laufe der Kirchengeschichte den Frauen die Positionen genommen worden sind, die sie bei Jesus offenbar unangefochten hatten, nämlich die gleichberechtigte Freundschaft und Mitgliedschaft in seinem Kreis.

Jesus, ein Freund der Frauen

Jesus hatte nicht nur Jüngerinnen, so wie er Jünger hatte, sondern die Evangelien schildern auch sein durchgehend frauenfreundliches und fast revolutionär positives Verhalten den Frauen gegenüber. Er hat Frauen oft in einer besonderen Weise geholfen und vertrat die Gleichberechtigung von Frauen und Männern. Jesus kannte die Erniedrigung, Armut, Abhängigkeit und Not der Frauen in der patriarchalen Gesellschaft. Die Sorgen in Ehe und Haushalt, die Hilf- und Wehrlosigkeit von Frauen als Opfer einer Scheidung oder ihre Situation als Witwen, ihr Elend als Prostituierte, ihre Verzweiflung als beschuldigte Ehebrecherinnen waren vielfach Gegenstand seines Mitgefühls und seiner Parteinahme. Für ihn war die Ehe Partnerschaft zwischen Gleichgestellten. Er wollte die patriarchalische Struktur der jüdischen Ehe ändern.

Einer der Hauptvorwürfe der Pharisäer und der Schriftgelehrten gegenüber Jesus war, dass er sich mit Sünderinnen an einen Tisch setzte.

Eines Tages war Jesus bei dem Pharisäer Simon zum Essen eingeladen und legte sich zu Tisch (Lk 7, 36–50). Eine Prostituierte, die in dieser Stadt lebte, erfuhr, dass er in dem Haus des Pharisäers war, kam mit einem Alabastergefäß voll wohlriechendem Öl und trat von hinten an ihn heran. Wenn man zu Tisch lag, wie es damals üblich war, hatte man den Kopf bei den Speisen, und die Füße lagen nach hinten. Die Frau musste weinen, und die Tränen fielen auf seine Füße. «Daraufhin trocknete sie seine Füße mit ihrem Haar, küsste sie und salbte sie mit dem Öl.» Dass eine erwachsene jüdische Frau sich traute, in der Öffentlichkeit ihre Haare vor Männern aufzulösen, war schon ein Skandal für sich – dass sie als so genannte Sünderin, also als Prostituierte, es wagte, Jesus überhaupt zu berühren, überstieg jede Toleranzgrenze. Als Jesus sich gegen die Frau nicht wehrte, sondern freundlich zu ihr war, kam der Pharisäer zu der Überzeugung, dass Jesus kein Prophet sein könne, weil er dann hätte wissen müssen, von was für einer Frau er sich habe berühren und mit wem er sich da eingelassen habe.

Da fragte Jesus den Pharisäer: Ein Gläubiger hatte zwei Schuldner. Der eine schuldete 100 Dinare, der andere 50. Beiden wurde die Schuld erlassen. Wer nun von diesen wird den Gläubiger mehr lieben? Der Pharisäer sagte, wahrscheinlich der mit den 100 Dinaren. Da erwiderte Jesus: «Du hast Recht.» Und er wandte sich zu der Frau um, zeigte auf sie und sagte zu Simon: «Schau dir diese Frau einmal an. Als ich in dein Haus kam, hast du mir kein Wasser zum Waschen der Füße gegeben. Sie aber hat ihre Tränen über meinen Füßen vergossen und sie mit ihrem Haar abgetrocknet. Du hast mir zur Begrüßung keinen Kuss gegeben; sie aber hat mir, seit ich hier bin, unaufhörlich die Füße geküsst. Du hast mir nicht das Haar mit Öl gesalbt, sie aber hat mir mit ihrem wohlriechenden Öl die Füße gesalbt.»

Deshalb sage ich dir, ihre vielen Sünden sind ihr vergeben, denn sie hat auch viel geliebt. Wem wenig vergeben wird, der liebt auch wenig.
(Lk 7, 47)

Mit dieser Geschichte haben die Theologen und Bibelforscher aller Jahrhunderte die größten Schwierigkeiten gehabt. Und es gab unzählige Versuche, den Text umzuinterpretieren. Aber dies ist nicht möglich. Es ist eine sehr gute, leicht erotische Geschichte. Sie zeigt, wie Jesus wirklich gedacht hat und wie er war: ein sehr freundlicher und lieber Mensch.

Natürlich war sein Verhalten für viele eine Provokation. Er missachtete nicht nur die geltenden Reinheitsvorschriften, er machte – das war ja nicht der einzige Fall – Prostituierte zu seinen Tischgenossinnen und versprach ihnen die Vergebung Gottes für ihre angeblichen Sünden.

Jesus setzte sich auch für die Frauen ein, die als Witwen Opfer aller möglichen Machenschaften der damaligen Rechtsgelehrten wurden. Sie verwalteten für die Witwen das Vermögen und den Besitz und verrechneten dafür weit überhöhte Kosten. Jesus kritisierte die Scheinheiligkeit, mit der sie die Häuser der Witwen veruntreuten und gleichzeitig lange Gebete sprachen.

Einmal war Jesus im Tempel, saß dem Opferkasten gegenüber und sah zu, wie die Leute Geld in den Kasten warfen (Lk 21, 1–4). Es kamen reiche Leute, und sie spendeten viel Geld. Dann kam aber auch eine arme Witwe und warf zwei kleine Münzen hinein. Da rief er seine Umgebung zusammen und sagte: Diese arme Witwe hat mehr in den Opferkasten hineingeworfen als alle anderen. Denn die anderen haben nur etwas von ihrem Überfluss hergegeben, diese Frau aber, die kaum das Nötigste zum Leben hat, hat alles gegeben, was sie besaß, den ganzen Lebensunterhalt.

Er lobte auch die Frauen, wenn sie sich emanzipierten und sich wehrten. In einem Gespräch mit den Jüngern in Jerusalem stellte er eine Frau als Vorbild hin, die sich Unrecht nicht gefallen ließ, sondern gegen die Obrigkeit energisch zur Wehr setzte (Lk 18, 2). Ein Richter – er wird im Evangelium «gottlos» genannt –, der heute wegen Rechtsverweigerung belangt werden würde, weigerte sich, einer Witwe, die erlittenes Unrecht nicht hinnehmen wollte, durch ein Urteil zu helfen. Doch die Frau gab nicht auf. Der Richter bekam sogar Angst, sie könnte ihm eines Tages ins Gesicht schlagen. Damit er endlich wieder seine Ruhe hatte, gab er nach.

Eine Frau war 18 Jahre lang verkrüppelt und konnte nur gebeugt gehen. Jesus nennt sie eine «Tochter Abrahams». Dadurch anerkennt er sie als den Männern ebenbürtig (Lk 13, 10).

Jesus fordert am Jakobsbrunnen die Frau aus Samaria auf, ihm zu trinken zu geben und macht aus einer übel beleumdeten Frau eine Werberin für seine Sache, die ihre Landsleute Jesus zuführt (Joh 4, 7).

Auch in anderen Fällen hat Jesus Prostituierte vor Angriffen männlicher Tischgesellschaften geschützt (Lk 7, 36).

Und er war ein Freund der Geschwister Martha, Maria und Lazarus. Die beiden Schwestern des Lazarus begleiteten ihn fast ständig, und er liebte sie.

Die Steinigung von Frauen

In Bangladesch haben in den vergangenen Jahren Dorfmullahs gegen etwa 3000 Frauen die Fatwa verhängt, meistens wegen «Zina», d. h. Unzucht und Ehebruch. Die Beschuldigung des Mannes reicht in der Regel aus. Die Frauen werden ausgepeitscht, dann bis zur Hüfte eingegraben, dann gesteinigt oder mit Petroleum übergossen und angezündet. Neuerdings fährt man auch mit Bulldozern über den noch lebenden Torso, der aus dem Boden herausragt. Die Peiniger sagen, im Koran stehe, dass Frauen gezüchtigt werden müssen.

Vor einem halben Jahr gab es eine große Diskussion in den Medien wegen eines Urteils muslimischer Gerichte in Nigeria, zwei Frauen zu steinigen, denen Ehebruch vorgeworfen wurde. Der internationale Protest hat dies in letzter Minute verhindert.

Schon vor 2000 Jahren hatte sich Jesus gegen die barbarische Praxis gewandt, Ehebrecherinnen zu steinigen. Die Pharisäer forderten eines Tages Jesus auf, über eine Frau zu urteilen, die beim Ehebruch überrascht worden war. Wahrscheinlich hatte man ihr sogar eine Falle gestellt und wollte sie loswerden. Denn vom Mann, der den Ehebruch begangen hatte, war nicht die Rede. Nur die Frau sollte sterben. Hätte Jesus sie verurteilt, hätte er sich an der Steinigung beteiligen müssen.

Daher weigerte er sich, die Frau zu verurteilen. Er bückte sich und schrieb Zeichen in den Sand, die die Pharisäer lesen mussten. Wir wissen bis heute nicht, was er in den Sand geschrieben hatte. Dann richtete er sich auf und sagte:

Wer von euch ohne Sünde ist, werfe den ersten Stein. (Joh 8, 7)

Alle, die die Frau angeklagt hatten, drehten sich um und gingen weg. Die westlichen Demokratien, deren Politiker sich immer wieder auf Gott und sogar auf die Bibel berufen, sollten sich endlich dazu entschließen, auf die Länder, in denen nach wie vor Frauen gesteinigt werden, massiven Druck auszuüben und wirtschaftliche Sanktionen zu ergreifen, um diese Länder von ihrer barbarischen Praxis abzubringen.

Die Frauen in der Kirchengeschichte

Weltweit werden die Frauen brutal diskriminiert. In vielen Staaten ist die sexuelle Folter, Vergewaltigung, Verstümmelung und Verstoßung üblich. Die frauenspezifische Verfolgung, die Deklassierung und Demütigung, Verachtung und Unterdrückung ist in zahlreichen Ländern der Welt rechtlich sanktioniert. Der Universalitätsanspruch der Menschenrechte von Frauen richtet sich nicht zuletzt an die Adresse der Weltreligionen. Mit Ausnahme des Buddhismus müssen sie sich schwerste Vorwürfe gefallen lassen, weil sie in weitem Umfang die geistigen Urheber des geschlechts- und frauenfeindlichen Klimas in großen Teilen der Erde sind.

Im Christentum war die Situation über lange Jahrhunderte nicht viel besser als im Islam. Ausgangspunkt der Diskriminierung ist die Behauptung, Eva sei aus der Rippe Adams geschaffen worden. Außerdem sei Eva den Einflüsterungen der Schlange erlegen und habe den unschuldigen Mann dazu verführt, vom Baum der Erkenntnis zu essen. Jesus Sirach, einer der Propheten des Alten Testaments, prägte den Satz, der eine unheilvolle Wirkung in der späteren Kirchengeschichte haben sollte: «Von einer Frau nahm die Sünde ihren Anfang; ihretwegen müssen wir alle sterben.»

Unbeantwortet bleibt die Frage, warum nach Gottes Ratschluss ausgerechnet die Frau für die Untat verantwortlich gewesen sein soll. Jedenfalls wurde durch diese schicksalhafte Kriminalisierung die Frau zur *ianua diaboli*, der Einfallspforte des Teufels, durch die der Mann in die Sündenfalle tappt. Selbst ein so großer Denker wie Albertus Magnus, dessen Namen der ICE 820 von Nürnberg nach Köln trägt, verstieg sich zu der Aussage, die Frau sei ein missglückter Mann und habe im Vergleich zum Mann eine defekte und fehlerhafte Natur. Was Augustinus über die Frauen geschrieben hat, ist so schändlich, dass man ihm den Titel des Kirchenlehrers entziehen müsste. Es gibt weibliche Lichtgestalten in der Kirchengeschichte: Hildegard von Bingen, Elisabeth von Thüringen, Theresia von Avila. Aber sie fallen in der Allerheiligenlitanei unter die Rubrik «Jungfrauen und Witwen». Heilige Ehefrauen und Mütter sind für die Kirche unbekannte Kategorien.

Die Geschichte der Frau im Christentum ist ein Konglomerat aus philosophisch-theologischen Irrtümern, aus Aberwitz, Machtmissbrauch und Dummheit der Männer, Absurditäten und Perversitäten, Ausgrenzung und Stigmatisierung, aber auch aus Anbetung und Verdammung, Mythen und Zauberglauben, Verehrung, Idealisierung und Verteufelung.

Es gehört zu den größten Blasphemien der Religionsgeschichte, dass die Religionen Gott zur Begründung dieser Diskriminierung missbrauchen. Jesus war, wie wir gesehen haben, ein Freund und Anwalt der Frauen. Aber die Moraltheologen haben seine menschenfreundliche Lehre mit ihrer vom Sündenwahn beherrschten Theologie ins Groteske verfälscht. Natürlich haben die Kirchen die Inquisition und Hexenverbrennung hinter sich gelassen. Aber bis auf den heutigen Tag hält die katholische Kirche daran fest, dass Priester nicht heiraten und Frauen nicht Priester werden dürfen. Der in der katholischen Kirche entwickelte Marienkult ist kein Gegenbeweis, sondern umgekehrt das Alibi für das schlechte Gewissen der Moraltheologie – ein Kult, in dem unterdrückte Sexualität durch teilweise frömmelnde Verehrung sublimiert wird.

Die Sexualmoral

Die geistige Grundlage für die jahrhundertealte menschenfeindliche Sexualmoral von Staat und Kirchen war eine Irrlehre, nämlich die Gnosis, mit der sich schon der Rabbi und Theologe Paulus herumgeschlagen hatte.

Diese Lehre spaltete den Menschen in einen guten und in einen schlechten Teil, in Geist und Körper. Diese Vorstellung ist dem Evangelium fremd.

Am Anfang der Schöpfung hat Gott Menschen als Mann und Frau geschaffen, sagte Jesus. Darum wird der Mann Vater und Mutter verlassen und die zwei werden ein Fleisch sein. Sie sind also nicht mehr zwei, sondern eins. (Mt 19, 6)

Das unselige Erbe dieser Irrlehre diskriminierte die Sexualität und den menschlichen Leib. Die einzige Legitimation für den Geschlechtsverkehr war nach Ansicht der theologischen Sexualexperten unter den Kirchenvätern die Zeugung von Kindern. Bei dieser Irrlehre ist es bis auf den heutigen Tag geblieben.

Johannes Paul II. wollte in seinen Ansprachen über die Theologie des Leibes, die er von 1979 bis 1984 gehalten hat, diesen Dualismus der Gnosis, der die Moraltheologie so lange beherrscht hatte, überwinden: «Die Tatsache, dass die Theologie auch den Leib mit einbezieht, darf niemanden, der vom Geheimnis und der Wirklichkeit der Inkarnation weiß, verwundern oder überraschen. Dadurch, dass das Wort Gottes Fleisch geworden ist, ist der Leib .... wie durch das Hauptportal in die Theologie eingetreten.»

Aber in Wirklichkeit hat der Papst an der alten kirchlichen Sexualethik nichts Wesentliches geändert. Körper und Sexualität werden zwar nicht mehr mit dem Bösen und Schlechten identifiziert, aber die sexuelle Lust verdampft sozusagen in der Theologisierung des Geschlechtsaktes, der Dualismus wird zwar verdrängt, die körperliche Liebe aber vergeistigt und in Höhen geführt, die kein Mensch im Bett nachvollziehen kann. Auf der geistigen Grundlage des Neoplatonismus, den schon Paulus halbherzig bekämpfte und halbherzig bejahte, entstand die so genannte Pillenenzyklika, die Mitglieder der Deutschen Bischofskonferenz schon mal als zweiten Fall Galilei bezeichnet hatten. Die Fortpflanzung wird, wie bei den frühen Vätern zur Zeit der Kaiser Diocletian und Konstantin, als eigentlicher Sinn und ausschließliches Ziel des Liebesaktes definiert.

Die Degradierung der sexuellen Lust zu einer zwar unvermeidlichen, aber eigentlich verabscheuungswürdigen Variante des Fortpflanzungsakts ist eine menschenfeindliche Diskriminierung des elementarsten Vorgangs des menschlichen Lebens, die sich, von wenigen Ausnahmen abgesehen, die Menschen auf Dauer nicht gefallen lassen und die auch von 95 Prozent der katholischen Frauen abgelehnt wird. Die Verfemung der sexuellen Lust wird von afrikanischen Islamisten und Animisten allerdings konsequenter behandelt. Sie belassen es nicht bei der Theorie, sondern schreiten zur Tat und schneiden die Quelle der «weiblichen» Lust, die Klitoris, einfach ab. Die Beschneidung der Frauen ist die extrem zu Ende gedachte Perversion einer religiös verbrämten Irrlehre.

Jesus hatte die Zweitrangigkeit der Frau aufgehoben und die im patriarchalen Denken und Handeln verankerte Abwertung und Unterdrückung der Frauen nicht anerkannt. Die Frauen sind durch ihn den Männern ebenbürtig gemacht worden. Aber auch in der

Politik und im gesellschaftlichen Leben werden die Frauen nach wie vor de facto diskriminiert. Die Partnerschaft zwischen Mann und Frau ist ein Thema für die Männer, die an der Macht sind. Der Abschied von der Männergesellschaft wird vielleicht durch die Erkenntnis erleichtert, dass eine Gesellschaft, in der mehr Frauen in verantwortlichen Ämtern sind, besser, friedlicher, moderner und bürgernäher ist.

Geschlechtsspezifische Verfolgung als Asylgrund

Dass christliche Demokraten geschlechtsspezifische Verfolgung, also zum Beispiel eine drohende Genitalverstümmelung, der sich eine Mutter mit ihrer kleinen Tochter in Kenia durch Flucht entziehen will, nicht als Asylgrund anerkennen, weil die Verstümmelung nicht von Behörden, sondern von Stammesältesten und ihren Beschneiderinnen vorgenommen werden soll, ist eine Beschmutzung des Namens der eigenen Partei. Jesus sagte an die Adresse der damaligen Pharisäer:

Ihr berechnet den Zehnten von Minze, Dill und Kümmel, aber ihr vernachlässigt, was von größerem Gewicht ist: das Recht und die Barmherzigkeit und die Treue. (Mt 23, 23)

Wenn frauendiskrimierende religiöse Vorschriften in bestimmten Staaten (z. B. in Saudi-Arabien oder im Sudan) Bestandteil der staatlichen Rechtsordnung sind, haben die daraus resultierenden Menschenrechtsverletzungen politischen Charakter, und dann müssen die Opfer auch nach Art. 16 Abs. 2 des Grundgesetzes geschützt werden. Geschlechtsspezifische Verfolgung ist in vielen Fällen per se politische Verfolgung. Viele Jahre hat das Bundesamt für Ausländische Flüchtlinge die Auffassung vertreten, es sei nicht Aufgabe der Asylbehörden, die religiösen Bräuche anderer

Länder zu kritisieren. Es hat abgestritten, dass es sich um politische Verfolgung handele, wenn in islamischen Staaten Frauen keinen Beruf ausüben und das Haus nur in Begleitung eines Mannes verlassen dürfen. Diese Auffassung hat sich inzwischen verändert. Aber es gibt nach wie vor Gerichtsurteile, die eine krasse Ignoranz zeigen. Körperliche Misshandlung, wie die Auspeitschung wegen eines Verstoßes gegen Bekleidungsvorschriften, wird dann als eine asylrechtlich relevante Verfolgung angesehen, wenn sich im Regel-Verstoß eine regimefeindliche Haltung ausdrücke. Die Frau müsse überzeugend den Eindruck einer politisch aktiven und konsequenten Regimegegnerin vermitteln. Auch diese Rechtsauffassung missachtet die Tatsache, dass die religiösen Vorschriften in diesen Ländern Bestandteil der staatlichen Rechtsordnung sind. Wenn sich eine Religion zum Staat macht, wie der islamische Fundamentalismus der Wahabiten in Saudi-Arabien oder der Schiiten im Iran, sind religiös begründete Entscheidungen politische Entscheidungen.

Jesus hat sich immer der Schwächsten in der Gesellschaft angenommen. Zu den Schwächsten auf dieser Welt gehören die vier Millionen Mädchen und Frauen, die jährlich in Ehe und Sklaverei verkauft werden, aber auch die zwei Millionen Kinder, die als Prostituierte arbeiten müssen. Frauen und Kinder werden wie Ware gehandelt und viele für die Herstellung von Pornos missbraucht. Inzwischen ist der sexuelle Missbrauch von Kindern im Ausland auch strafbar. Aber zwischen 1996 und 2000 fanden lediglich 51 Ermittlungsverfahren statt, obwohl jedes Jahr schätzungsweise 10 000 Deutsche ins Ausland fahren, um Sex mit Kindern zu haben.

Nach internationalen Schätzungen verschleppen Menschenhändler jedes Jahr bis zu 700 000 Frauen und Kinder. Ausländische Frauen werden in Katalogen oder im Internet als Ehefrauen angeboten. Sie landen meist in Bordellen und werden illegal als billige Arbeitskräfte eingeschleppt. Allein aus den osteuropäischen Staaten werden jährlich 150 000 Frauen und Kinder zu diesem Zweck in die Europäische Union gelockt.

Frauenhandel ist ein lukratives Geschäft geworden, aus dem international operierende Banden mit geringem Risiko enorme Profite herausschlagen. Der Markt boomt, und der Jahresgewinn aus diesem Geschäft liegt bei 13 Milliarden Dollar, wesentlich mehr als dem Drogenhandel. Dennoch konzentriert die Polizei sich beinahe ausschließlich auf den Drogenhandel und tut relativ wenig gegen den Frauenhandel.

Das eigentliche Problem ist die Engstirnigkeit und Ignoranz der Behörden und der Politik in Deutschland, das gleichzeitig Ziel- und Transitland ist. Die Frauen werden unter Vorspiegelung falscher Tatsachen angeworben und kommen mit oder ohne Visum über die Grenze. Nach dem Grenzübertritt wird ihnen der Pass abgenommen, sie werden eingesperrt, geschlagen, vergewaltigt und erpresst mit Blick auf ihre in der Heimat lebende Familie. Wenn die Frauen bei einer Razzia aufgegriffen werden, sind sie in strafrechtlicher Hinsicht nicht nur Opfer, sondern sie haben sich selber strafbar gemacht. Ihr Aufenthalt und ihre Erwerbstätigkeit sind illegal. Ihnen droht die sofortige Ausweisung oder Abschiebung. Bestenfalls wird ihnen eine Ausreisefrist eingeräumt, damit sie als Zeuginnen aussagen können. Die Frauen sind aber oft nicht imstande, sich schnell zur Aussage zu entschließen. Sie sind traumatisiert, schämen sich und haben bereits schlechte Erfahrungen mit Behörden in Deutschland und in ihrem Heimatland gemacht. Hinzu kommt, dass die Zuhälter oder die Schlepper sie und ihre Familien bedrohen. Es würde dem Evangelium entsprechen, ein Zeugenschutzprogramm zu haben, das die Aussagebereitschaft dieser Frauen fördern würde. Und dies bedeutet, dass man diesen Frauen zumindest ein begrenztes Daueraufenthaltsrecht einräumt. Nur so ließen sich die Mafiastrukturen der Schlepper zerschlagen.

Frauen im Islam

Von Mohammed wird man schwerlich behaupten können, er sei ein Anwalt der Frauen gewesen. Er war eher das, was man heute einen *Womanizer* nennt. Viele Aussagen im Koran sind frauenfeindlich. Die religiöse Gleichwertigkeit von Mann und Frau vor Gott ist zwar die feste Glaubensüberzeugung der Muslime. Damit ist die Gleichberechtigung im Islam allerdings erschöpft. Denn in allen übrigen Bereichen des menschlichen Lebens stehen die Männer über den Frauen, wie es in der Sure 4, 34 heißt, «weil Gott sie, [die Männer] von Natur aus vor diesen ausgezeichnet hat, und wegen der Ausgaben, die sie von ihrem Vermögen gemacht haben. Und die rechtschaffenen Frauen sind Gott demütig ergeben und geben Acht auf das, was (den Außenstehenden) verborgen ist, weil Gott darauf Acht gibt. Und wenn ihr fürchtet, dass Frauen sich auflehnen, dann ermahnt sie, meidet sie im Ehebett und schlagt sie! Wenn sie euch wieder gehorchen, dann unternehmt weiter nichts gegen sie!»

Männer haben das alleinige Scheidungsrecht. Die Ehe im Islam ist immer noch ein Vertrag zwischen zwei Familien, der zwischen dem Vater der Braut und der anderen Familie abgeschlossen wird, ähnlich wie im Judentum vor 2000 Jahren.

Muslimische Männer dürfen Nichtmusliminnen heiraten, wenn es sich um Christinnen oder Jüdinnen handelt. Umgekehrt ist die Ehe einer Muslimin mit einem Nichtmuslimen verboten. Der Islam erlaubt nur Männern die Mehrehe, nicht aber den Frauen. Diese und andere diskriminierende Bestimmungen sind nach dem Islam göttliches und gleichzeitig politisches Recht. Die Praxis ist für die betroffenen Frauen in den meisten Fällen trostlos. Die Ehre der ganzen Familie hängt zum Beispiel von der Keuschheit der Frau ab. Verliebt sie sich außerhalb der Ehe in einen Mann oder gar in eine andere Frau, kann sie in Saudi-Arabien, Bangladesch, Pakistan oder im Iran schwer bestraft werden, auch mit dem Tod. Die männlichen Familienmitglieder haben das Recht, die verletzte Familienehre durch Säureangriffe, Prügel oder den Tod der Frau wieder herzustellen. In bestimmten islamischen Ländern, zum Beispiel in Pakistan oder Teilen von Nigeria, geht die Rechtlosigkeit der Frau so weit, dass bei Vergewaltigung der Vergewaltiger straffrei bleibt, die Frau jedoch eine zweifache Diskriminierung erfährt: Einmal die Vergewaltigung, zum anderen die Ächtung in Familie und Gesellschaft.

In vielen islamischen Ländern gehört die Frau zur beweglichen Habe des Mannes. Wenn er sie los werden will, braucht er nur «Zina» zu rufen. Frauen dürfen in Pakistan nach wie vor keine wichtigen Dokumente unterschreiben. Es sind zwei weibliche Zeugen nötig, wo ein Mann genügt. Auch in Ländern, die im Westen höher im Kurs stehen, wie Malaysia, dürfen Frauen zum Beispiel nicht Richterinnen werden. Das Gleiche gilt für Staaten wie Bangladesch, Sudan, Saudi-Arabien oder den Jemen. In Koranschulen in Pakistan und in Afghanistan werden die Schüler nicht nur im Dschihad erzogen, sondern auch zur Verachtung der Frauen.

Der Kontrast zum Frauenbild des Evangeliums ist groß. Aber auch die christlichen Kirchen müssten sich darüber im Klaren sein – um einmal von der politischen Botschaft zur theologischen zu wechseln –, dass es nicht die männlichen Apostel, sondern die galiläischen Frauen, vor allem Maria Magdalena, Maria, die Mutter des Jakobus, und Salome, waren, die uns in den Berichten der Evangelisten als die einzigen Zeuginnen für die Grundlage des christlichen Glaubens genannt werden: für den Tod am Kreuz, die Grablegung und das Auffinden des leeren Grabes, d.h. nach christlicher Auffassung die Auferstehung.[36] Die Männer waren in den entscheidenden Stunden des christlichen Glaubens, von der Gefangennahme auf dem Ölberg bis zur Information über das leere Grab durch Maria Magdalena, von der Bildfläche vollständig verschwunden.

7.
Die Scheinheiligen

Die ultimative Auseinandersetzung

Als Jesus das letzte Mal vor dem Osterfest nach Jerusalem kam, geriet der Einzug – wahrscheinlich durch das goldene Tor – zu einem Spektakel. Das goldene Tor ist erhalten geblieben und wurde zur Zeit der Kreuzfahrer zweimal im Jahr geöffnet, nämlich am Palmsonntag und am Fest der Kreuzerhöhung. Dadurch entstand die Legende, dass Jesus bei seiner Wiederkunft durch das goldene Tor in Jerusalem einziehen werde. Nachdem die Sarazenen Jerusalem erobert hatten, hörte der Sultan Suleiman davon und aus abergläubischer Angst ließ er dieses Tor zumauern. So steht es heute noch da.

Jesu Gang durch Jerusalem – manche Berichte sprechen davon, er habe sich auf einen Esel gesetzt – glich fast einem Triumphzug. Es war eine messianische Demonstration, und die religiösen Erwartungen verschmolzen mit nationalen Gefühlen zu einem brisanten Sprengstoff. Gleichzeitig schwenkten die Leute Palmwedel; das war in den Augen der Römer besonders gefährlich, weil die Palme von alters her das Symbol der politischen Unabhängigkeit Israels war. Von manchen Bibelforschern wird behauptet, Jesus sei sich darüber im Klaren gewesen, dass es sich bei diesen Huldigungen um ein tragisches Missverständnis handelte. Deswegen habe er auf die messianischen Befreiungserwartungen des Volkes mit einer gänzlich unpolitischen Geste reagiert: nämlich auf einem Esel in die Stadt zu reiten. Der Esel war nach dem Propheten Zacharia das Kennzeichen des gewaltlosen Friedenskönigs und das Bekenntnis zur Niedrigkeit.[37] Die Leute haben das aber offenbar nicht verstanden. Der Jubel ging weiter, und schon beim Laubhüttenfest hatte der Hohe Rat versucht, Jesus verhaften zu lassen. Aber wie wir bereits am Anfang gesehen haben, funktionierte es nicht. Die Leute strömten in Scharen zusammen und riefen: «Das ist Jesus, der Prophet aus Nazareth.» Er hatte die behinderten, kranken und armen Leute auf seiner Seite, und die Kinder riefen am lautesten. Es war vier Tage vor Ostern, und Lukas schreibt, das ganze Volk sei gespannt gewesen, ihn zu hören (Lk 19, 48). Die Hohen Priester resignierten und sagten untereinander:

Da könnt ihr machen, was ihr wollt. Die ganze Welt läuft hinter ihm her. *(Joh 12, 19)*

Jesus nutzt nun die Gunst der Stunde und beginnt eine große Auseinandersetzung mit einzelnen Pharisäern und den Sadduzäern, seinen eigentlichen Gegnern. Zu diesen Antipharisäerreden muss ich eine Zwischenbemerkung machen: Es ist unwahrscheinlich, dass die beschimpfenden Formulierungen von Jesus stammen. Schon der amtliche überkonfessionelle Kommentar zur Bibel schreibt etwas verschämt: Die Rede verdankt ihre heutige Gestalt der Hand des Evangelisten. Was uns mehrfach beim Lesen der Evangelien begegnet, finden wir auch hier wieder vor. Die Absicht ist unverkennbar: die Juden in der Gestalt der Pharisäer insgesamt zu dämonisieren, damit man ihnen die Schuld am Tode von Jesus zuschieben kann. Entkleidet man diese Reden ihres rhetorischen Beiwerks («Ihr Heuchler!», «Schlangennest!» etc.), so fasst Jesus hier seine früheren Vorwürfe gegen die menschenfeindliche Religionspraxis der jüdischen Obrigkeit zusammen.

Das jedenfalls steht fest: So hat wahrscheinlich noch nie jemand in aller Öffentlichkeit Machthaber, Regierungsmitglieder und religiöse Repräsentanten herausgefordert:

Ihr bindet schwere und untragbare Lasten zusammen und legt sie den Menschen auf die Schultern. Ihr selbst aber wollt keinen Finger krumm machen. (Mt 23, 4)

Das erinnert an die immer höheren Sozialbeiträge für Arbeitnehmer und Arbeitgeber, auch für die Sozialkosten im Osten, an denen sich aber die Beamten, Abgeordneten und Minister mit keinem müden Euro beteiligen.

Ihr reinigt das Äußere des Bechers und der Schüssel; aber das Innere strotzt von Raub und Schmutz. (Mt 23, 25)

Er nennt die führenden Leute Prasser:

Ihr bringt die Witwen um ihre Häuser und verrichtet lange scheinheilige Gebete. (Mk 12, 38)

Man muss es immer wieder sagen: Trotz aller Streitereien waren die Pharisäer nicht die eigentlichen Gegner. Viele wollten Jesus mundtot machen, aber nicht umbringen. Doch diese Vorwürfe, um nicht zu sagen Verwünschungen, haben dem Ruf der Pharisäer gewaltig geschadet. Im Fremdwörterbuch des Duden heißt es unter dem Stichwort Pharisäer:

1. Angehöriger einer altjüdischen, streng gesetzesfrommen religiös-politischen Partei.
2. Selbstgerechter Mensch; Heuchler.

Also genau das, was man eben im Sprachgebrauch unter einem besonders unsympathischen Menschen versteht. Daran können leider alle Ehrenrettungen nichts mehr ändern.

Balken und Splitter

Auf seinen Reisen begegnete Jesus immer wieder Leuten, die von ihrer «eigenen Gerechtigkeit überzeugt waren und die anderen verachteten» (Lk 18, 9).

Einigen von ihnen erzählte er die Geschichte von den zwei Männern, die zum Tempel hinaufgingen, um zu beten. Der eine war ein Pharisäer, der andere ein Zöllner, also Menschen aus völlig entgegengesetzten gesellschaftlichen Gruppierungen. Der Pharisäer gehörte zur obersten Klasse der Gesellschaft, der Zöllner zu einer der verachtetsten Gruppen. Was passierte nun im Tempel? Der Pharisäer stellte sich hin und flüsterte folgendes:

Gott, ich danke dir, dass ich nicht wie die anderen Menschen bin, die Räuber, Betrüger, Ehebrecher oder auch wie dieser Zöllner dort. Ich faste zweimal in der Woche, gebe dem Tempel den zehnten Teil meines ganzen Einkommens. (Lk 18, 11)

Der Zöllner blieb bescheiden im Hintergrund und wagte nicht einmal, sich richtig umzugucken; er schlug sich, wie es damals üblich war, vor lauter Schuldbewusstsein an die Brust und betete, Gott möge ihm gnädig sein.

Nun ist interessant, wie Jesus die beiden beurteilte. Er bezeichnet nicht den Pharisäer als den «Gerechten», also als denjenigen mit der richtigen Gesinnung, sondern den Zöllner.

Diese Selbstgerechtigkeit begegnet uns heute auf Schritt und Tritt. Bücherverbrennungen finden zwar nicht mehr oder nur selten statt. Dafür gibt es aber Predigten auf der Kanzel gegen Homosexuelle, Fatwas (öffentliche Todesurteile) werden gegen Frauenrechtlerinnen und Schriftsteller ausgesprochen. Ganz allgemein ist die Verteufelung all dessen verbreitet, was man selber nicht tolerieren will: die Love-Parade, die Homosexualität, Asylbewerber,

Araber, Inder, emanzipierte Frauen, die PDS – alles, was einem nicht passt. Der Hochmut, die geistige und verbale Intoleranz beherrschen unser Alltagsleben nicht nur dort, wo es Untergebene und Vorgesetzte gibt, Lehrer und Schüler, sondern auch in Ehen, Familienmilieus, Vereinen und vor allem im Beruf – Mobbing ist zu einem der größten sozialpsychologischen Probleme der bundesdeutschen Arbeitswelt geworden. In unseren Dörfern und Kleinstädten gibt es Normen, nach denen man sich richten muss, und diejenigen, die davon abweichen, fallen auf und werden gemobbt.

Selbstgerechte gibt es auch sonst in rauen Mengen. Die gesamte westliche Gesellschaft von den USA bis Europa, bis hin zu asiatischen autoritären Regimen erklären z. B. den Konsum von Haschisch, Kokain und Heroin zum Verbrechen und verhängen eine mit drastischen Strafen bewehrte Prohibition. In Deutschland sterben im Jahr ca. 1500 Menschen an Drogenmissbrauch. Gleichzeitig gibt es ca. 1,2 Millionen alkoholabhängige Menschen, von denen pro Jahr über 40 000 infolge ihres Alkoholkonsums sterben. 16,7 Millionen Menschen rauchen, über 110 000 Menschen sterben jährlich an tabakbedingten Krankheiten – das sind über 300 Todesfälle pro Tag! Saufen und Rauchen kann man, so viel man will. Das wird von der gesamten westlichen Gesellschaft toleriert und akzeptiert. Kiffen und Haschen ist das ultimative Vergehen.

György Konrad hat in einem Essay zur Premiere von Luigi Nonos «Intolleranza» in der Deutschen Oper im September 2001 geschrieben: «Je abstrakter, desto gnadenloser. Wer der Norm huldigt, der wird hinter dem Lenkrad dem säumenden Fußgänger eine Lektion erteilen, indem er, an ihm vorbeirauschend, nicht einmal eine Handbreit Abstand zwischen Blech und menschlichem Körper lässt. Hat er dem Langsamen einen Schreck eingejagt? Das geschieht ihm recht. Er soll sich ruhig und geschwind an die Regeln halten. Auch die Alten sollen sich beeilen.

Wenn sie nicht gleichzeitig denken und schreiben können, dann sollen sie das Denken lassen und lieber die Beine unter den Arm nehmen.»

Die Intoleranz ist eine Geisteshaltung, die geprägt wird vom Verlust an Rücksicht, Nächstenliebe und Solidarität. Die Norm siegt – dagegen hat Jesus in besonderer Weise angekämpft.

Das Festmahl mit den vielen Zöllnern

Nazareth war die Heimatstadt Jesu, aber seine Lieblingsstadt hieß Kapharnaum; jedenfalls wird sie in den Evangelien am meisten genannt. Sie existiert allerdings heute nicht mehr. Kapharnaum war eine Grenzstadt zwischen Galiläa und Peräa. In einer Grenzstadt gibt es überall auf der Welt ein Zollamt und Militärposten, so auch in Kapharnaum. Außerdem lag die Stadt am Meer, wenn man den See Genezareth so bezeichnen will, und für jeden gefangenen Fisch musste ebenfalls Zoll bezahlt werden. Dazu kam der Zoll für die Waren, die von den Griechenstädten der Dekapolis nach Galiläa gelangten.[38] Auch in Galiläa musste die gefürchtete «Kopfsteuer» bezahlt werden, was nicht nur zur wirtschaftlichen Plünderung des Landes führte, sondern als ein demütigendes Zeichen der Unterwerfung Israels durch die Römer empfunden wurde.

Wie wir schon bei anderen Geschichten gesehen haben, gehörten die Zöllner daher zu den am meisten gehassten und verfemten Leuten im damaligen Palästina. Sie waren nicht nur deswegen verhasst, weil sie die Zölle und Steuern eintrieben, sondern auch wegen der Art und Weise des «Vollzugs». Dass in Kapharnaum brutale Methoden angewendet wurden, ist eher unwahrscheinlich. Pinchas Lapide schildert aber, wie es sonst zuging. Er zitiert die Beschreibung des Römers Lactanzius über die Art und Weise der Zensuseintreibung: «Die römischen Steuerbeamten erschienen allerorts und brachten alles in Aufruhr ... Überall hörte man das

Schreien derer, die mit Folter und Stockschlägen verhört wurden ... Wenn der Schmerz gesiegt hatte, schrieb man steuerpflichtigen Besitz auf, der gar nicht existierte.»[39]

Als Jesus eines Tages an den Zoll kam, begegnete er dem Zöllner Levi. Jesus forderte ihn auf, ihm zu folgen, was dieser auch tat. Bevor er alles aufgab und mit Jesus weiterzog, gab er für Jesus in seinem Haus ein großes Festmahl (Lk 5, 27–32). Aus der ganzen Stadt und der Umgebung kamen die Zöllner zusammen, um Levi zu verabschieden. Es waren auch noch andere Gäste da.

Das machte natürlich mal wieder einen Riesenärger bei den Pharisäern und den Schriftgelehrten, die Jesus und seiner Begleitung ständig schwere Vorwürfe machten, weil sie «mit Zöllnern und Sündern essen und trinken». Jesus zeigte sich ungerührt, blieb bei den Zöllnern sitzen und ließ es sich schmecken.

Gegen Ende der 90er Jahre war das Verhältnis zwischen CDU/ CSU im Deutschen Bundestag und den Grünen ähnlich wie damals zwischen Juden und Zöllnern. Man redete nicht miteinander, höchstens heimlich. Saß mal ein Schwarzer mit einem Grünen im Bundestagsrestaurant zusammen, ging in den Führungsetagen schon das Flüstern los. Einige jüngere Abgeordnete der CDU hatten die Nase voll von dieser Gängelei und trafen sich mit jungen Abgeordneten der Grünen regelmäßig beim Italiener. Diese Treffen gingen in die Parlamentsgeschichte als so genannte «Pizza-Connection» ein und waren den Fraktionsoberen vor allem in der CSU ein ständiger Dorn im Auge. Junge CSU-Leute durften auch nicht mitmachen, es sei denn im Verborgenen. Das hat sich heute geändert; die Grünen sind ja inzwischen was geworden. Aber unverkrampft und locker ist das Verhältnis immer noch nicht.

In den 90er Jahren ging es zwischen Schwarz und Grün genauso borniert zu wie damals in Kapharnaum. Am 28. August 1994, also sechs Wochen vor der Bundestagswahl 94, stellte ich Joschka Fischers Buch «Risiko Deutschland» in der Hessischen Landesvertretung vor. Der Verlag und er hatten mich darum gebeten. Aber eine kleine Verbeugung vor den Betonköpfen im eigenen Lager musste Fischer doch machen: «Das ist keine schwarz-grüne Versammlung», rief er in den Saal. Im Geschäftsführenden Fraktionsvorstand der CDU/CSU hagelte es Kritik. Als führender Unionspolitiker stelle man nicht Bücher des politischen Gegners vor. Sogar die Freunde von den Sozialausschüssen gingen auf Distanz. Man könne mich nach der Bundestagswahl nicht mehr für das Amt des Stellvertretenden Fraktionsvorsitzenden vorschlagen, denn ich sei in der Fraktion nach dieser Buchvorstellung nicht mehr durchsetzbar. Vom damaligen Landrat des Main-Taunus-Kreises Jochen Riebel, der inzwischen Staatsminister in der Hessischen Landesregierung geworden ist, bekam ich einen Brief, der mit dem Satz endete: «Lassen Sie sich zurufen, anständige Deutsche verhalten sich so nicht.» Bei den darauf folgenden Vorstandswahlen in der Fraktion hat es dann doch, wenn auch knapp, gereicht.

Anspruch und Wirklichkeit: CDU

Das typisch Pharisäerhafte ist das Auseinanderklaffen von Anspruch und Wirklichkeit. Nach Heinrich Heine sind damit alle gemeint, die Wasser predigen, aber selber insgeheim Wein trinken, die Forderungen erheben, Ansprüche definieren, aber sich selber nicht daran halten.

In der Politik trifft man solche Leute haufenweise an.

Seit Gründung der CDU zum Beispiel ist das «C» in ihrem Namen für viele zu einer Provokation geworden, ja sogar zu einer großen Lüge einer politischen Partei. Manche sehen in dem «C» auch einen anmaßenden Versuch, in einer Welt des Pluralismus das politische Leben nach den Prinzipien einer bestimmten Religion gestalten zu wollen. In wichtigen Fragen handle sie ausgesprochen unchristlich, sie wolle den Sozialstaat abbauen, beute die Natur aus, exportiere Waffen, schlage nationalistische und fremdenfeindliche Töne gegenüber Ausländern an und diskriminiere in der Praxis Fremde in jeder Form. Die CDU muss sich in der Tat die Frage gefallen lassen, warum sie immer dann an vorderster Front zu finden ist, wenn Restriktionen gegen Ausländer beschlossen werden sollen: Abschiebung illegal Eingewanderter, unabhängig von der Frage, welche Auswirkungen eine Abschiebung auf die Kinder der betreffenden Familie hat, oder die Nichtanerkennung so genannter nichtstaatlicher und geschlechtsspezifischer Verfolgung als Asylgrund.

Und warum lässt die Führung der Partei es zu, dass einige sich besonders hervortun, wenn es gegen Minderheiten geht, seien es Sinti und Roma, Homosexuelle und Lesben oder Wehrmachtsdeserteure?

Jeden Sonntag oder zumindest an den großen Feiertagen feierlich in die Kirche zu gehen, als politische Schausteller sozusagen «ihre Gebetsriemen breit und ihre Quasten groß zu machen» (Mt 23, 5), aber gleichzeitig tiefe Einschnitte ins soziale Netz, die Kürzung der Sozialhilfe, die Absenkung der Lohnfortzahlung im Krankheitsfalle zu verlangen ist ein richtiges Ärgernis. Nun kann man ja solche politischen Positionen vertreten und möglicherweise auch mehr schlecht als recht begründen. Die Frage besteht aber darin, ob man dies unter der Überschrift des Namens Jesu tun sollte.

Es gibt daher in der CDU nicht wenige, die das Streichen des «C» aus dem Namen verlangen, viele auch aus der inneren Überzeugung, dass Moral in der Politik ohnehin nichts verloren habe, die also ähnlich denken wie Bismarck. Diese Letzteren sind sicher die Ehrlicheren, und man wird sie nicht als Pharisäer bezeichnen können.

Das Wort christlich im Namen einer politischen Partei kann man überhaupt nur durch zweierlei rechtfertigen: Erstens ist das Menschenbild des Evangeliums eine unverzichtbare Voraussetzung für eine ethisch relevante Politik. Zweitens muss man sich der

Fehlerhaftigkeit des eigenen Tuns auch in der Politik immer bewusst sein, aber dennoch einen Anspruch aufrechterhalten und sich ständig anstrengen, ihm gerecht zu werden. Man könnte es auch umgekehrt sagen: Wenn das «C» im Namen der CDU gestrichen wird, gibt man einen substanziellen Anspruch auf. Womöglich strengen sich die Verantwortlichen und Mitglieder dieser Partei dann überhaupt nicht mehr an, moralischen oder ethischen Grundwerten in der Politik zu entsprechen. Die CDU könnte zu einer konservativen Partei degenerieren wie die Tories in England. Die Messlatte liegt also hoch, und sie wird oft gerissen. Aber wenn der Anspruch nicht bleibt, dann macht sich eben auch keiner mehr die Mühe, über diese Latte zu springen.

Die CDU hat sich in den letzten Jahren vor allem dadurch profiliert, dass sie wie die Kirchen beim Embryonenschutz eine besonders restriktive Haltung eingenommen hat. Ich kann verstehen, dass man für den Vierzeller in der Petrischale den Schutz nach Art. 1 des Grundgesetzes fordert, ihn sozusagen aus Sicherheitsgründen in das früheste Entwicklungsstadium vorverlegt, weil man nicht wissen kann, wann der Mensch wirklich entsteht. Dass aber «überzählige» Embryonen – zur Erfüllung eines Kinderwunsches künstlich erzeugt und dafür nicht mehr notwendig – lieber tiefgekühlt dauergelagert oder vernichtet werden sollen, als der Forschung zur Bekämpfung von Parkinson und Querschnittslähmung zu dienen, ist ein Widerspruch, den Jesus, davon bin ich überzeugt, zugunsten der kranken Menschen auflösen würde.

Ich bin mir im Lichte der Pharisäerreden auch ziemlich sicher, wie Jesus die Tatsache beurteilt hätte, dass bei dem Votum über den Embryonenschutz im Deutschen Bundestag die Abstimmung freigegeben wurde, während Fraktionszwang galt, als es nicht um den Schutz von Vierzellern in der Petrischale ging, sondern z. B. um das Bleiberecht von lebendigen Kindern illegal Eingewanderter. Einige haben sich bei der Abstimmung Gott sei Dank nicht an diesen Fraktionszwang gehalten.

Anspruch und Wirklichkeit: SPD

Auch der Anspruch, sozial zu sein, kann zur pharisäerhaften Attitüde werden, wenn eine Partei wie die SPD in Zeiten von 4,5 Millionen arbeitslosen Arbeitnehmern die Bezugsdauer des Arbeitslosengeldes mit der Begründung kürzt, dadurch werde für diese Arbeitnehmer der Druck größer, möglichst rasch wieder eine Arbeit aufzunehmen. Da älteren Arbeitslosen ein neuer Job gar nicht angeboten wird und sie deshalb auch keinen finden können, ist die Kürzung dieser Versicherungsleistung für Leute, die ein Leben lang gearbeitet haben, reiner Zynismus.

Die Eliten eines Volkes müssten auch bereit sein, die Lasten, die sie anderen aufbürden, selber zu tragen. Wenn das Arbeitslosengeld nach einem Jahr auf Sozialhilfeniveau gekürzt wird, dann müsste dies eigentlich auch für Übergangsgelder von Ministern und Staatssekretären gelten.

Neoliberale in der CDU lassen sich auch nicht lumpen und meinen, im ersten Monat der Arbeitslosigkeit könnten die Leute mit nur 75 Prozent des Arbeitslosengeldes noch ganz gut auskommen (das Arbeitslosengeld beträgt im Schnitt ca. 60 Prozent des Nettolohns). Roman Herzog und die Wirtschaftsvereinigung der CDU vertreten sogar die Auffassung, im ersten Monat bräuchten die Arbeitslosen überhaupt kein Geld; wahrscheinlich mit der Begründung, sie würden ja auch nicht arbeiten.

Nun ist aber die Arbeitslosenversicherung, wie der Name sagt, eine Versicherung. Woche für Woche werden Beiträge für den Fall bezahlt, dass der Risikofall der Arbeitslosigkeit eintritt. Nehmen wir mal an, Einbrecher schlagen in Abwesenheit des Hausbesitzers das Mobiliar kurz und klein. Dann erklärt seine Hausratsversicherung: «Geld gibt es keines. Warum haben Sie denn die Einbrecher hereingelassen?» Solche rechts- und verfassungswidrigen Spielchen mutet man aber den Arbeitslosen zu. Auch wenn einer 40 Jahre Beiträge bezahlt hat, fällt die Guillotine für ihn genauso wie für den 30-Jährigen. Solche Vorschläge sind der Gipfel der Heuchelei und schaffen keinen einzigen neuen Arbeitsplatz.

Nach dem, was wir inzwischen von Jesus wissen, kann man sich leicht vorstellen, dass er solche Vorschläge wie die Propheten Jesaja und Amos beurteilen würde:

Höret das Wort, ihr Vollgefressenen, die Hilflose unterdrücken, Bedürftige schinden und sagen: Schafft her, dass wir saufen!

Weil ihr von den Hilflosen Pachtgeld annehmt und ihr Getreide mit Steuern belegt, bringt ihr den Unschuldigen in Not!

Lasst ab von eurem üblen Treiben, hört auf, vor meinen Augen Böses zu tun. Sorgt für das Recht! Helft den Unterdrückten!
Verschafft den Waisen Recht, tretet ein für die Witwen! (Amos 4, 1-3; Jes 1, 3)

Aber die Schweizer könnten seinen Beifall finden, weil bei ihnen nicht nur Arbeitnehmer, sondern auch Millionäre, Hausbesitzer, Beamte, Minister und Industrielle Mitglieder der gesetzlichen Kranken- und Rentenversicherung sind. Alle zahlen von allem für alle – eine moderne Form der Nächstenliebe, die dazu noch den Vorteil hat, dass sie finanzierbar ist.

8.
Mensch und Gesetz

Die Unreinheit kommt von innen, nicht von außen

Einige Zeit, nachdem Johannes der Täufer ermordet worden war, traf sich Jesus am See Genezareth mit Pharisäern und Schriftgelehrten, die aus Jerusalem gekommen waren (Mk 7, 2). Sie setzten sich zu Tisch, und einige der Gefolgsleute von Jesus hatten schmutzige Finger und griffen sich damit das Essen. Das ist überall und immer sehr unappetitlich. Man könnte auch sagen, die Jünger hatten keine Erziehung.

Bei den Juden gehörte es zum normalen Anstand, sich vor dem Essen wenigstens mit einer Hand voll Wasser die Hände zu säubern. Der Berichterstatter Markus findet es eine Nachricht wert, dass die Juden, auch wenn sie vom Markt kommen, sich die Hände waschen, bevor sie essen. Man hat den Eindruck, in den Augen von Markus war das überflüssig. Er berichtet außerdem, dass die Juden ihre Becher, Krüge und Kessel abspülten. Mit sauberen Händen aus sauberen Töpfen zu essen war den Juden so wichtig, dass sie diese Anstandsregeln in den Rang überlieferter Vorschriften erhoben, an die sich alle zu halten hatten. Deswegen ist es auch nicht verwunderlich, dass die Pharisäer Jesus fragten, warum sich seine Leute beim Essen benähmen wie die Wutz.

Man sollte eigentlich denken, dass Jesus ihnen Recht gibt und zu seinen Jüngern sagt, sie sollten sich gefälligst benehmen. Aber das Gegenteil passiert: Er fängt vielmehr an, sich mit den Pharisäern auseinander zu setzen, und nennt sie Heuchler, was zunächst

113

auch nicht dadurch besser wird, dass er das Ganze in einen Psalm-vers des Propheten Jesaja kleidet:

Dieses Volk ehrt mich mit den Lippen / sein Herz aber ist weit weg von mir / es ist sinnlos, wie sie mich verehren / was sie lehren, sind Satzungen von Menschen. (Jes 29, 13)

Beim näheren Hinschauen wird klar, worauf seine Attacke abzielt. Er wirft ihnen vor: Euch geht es gar nicht um die Hygiene beim Essen, sondern um den Buchstaben des Gesetzes, das übertreten worden ist. Und außerdem haltet ihr solche Reinheitsvorschriften für wichtiger als die eigentlichen Gebote Gottes.

Das war ein schwerer Vorwurf.

Jesus untermauert seinen Vorwurf mit dem Beispiel der Korban-Opfergabe. Nach dem vierten Gebot: «Du sollst Vater und Mutter ehren» waren die Kinder dazu verpflichtet, den Unterhalt alter und kranker Eltern zu sichern. Nun hatten aber die Pharisäer eine Satzung erlassen, der zufolge – und das war das Korban-Ge-lübde – jeder Jude sich verpflichten konnte, Geld und sonstiges Vermögen, mit dem er eigentlich seinen Eltern hätte helfen kön-nen, dem Tempel und dem Tempeldienst zu geben, sodass diese Vermögenswerte der eigenen Verfügung entzogen waren. So finan-zierten viele Pharisäer offenbar ihre Abgabepflicht an den Tempel mit dem Unterhaltsgeld für die eigenen Eltern. Deswegen zitiert er den Propheten, dass ihre Gottesverehrung sinnlos sei, da die «Sat-zungen von Menschen» für sie wichtiger seien.

Und weil er schon einmal beim Aufräumen war, stellte er auch den eigentlichen Inhalt dieser Reinheitsvorschriften bloß: Aus-scheidungen des Körpers wie Urin und Menstruationsblut, aber auch bestimmte Sorten von Tieren und Menschen, also z.B. Schweine, Aussätzige, Heiden, Sünder, Kranke, Leichen, über-haupt jede Art von Schmutz verunreinigten den Menschen so, dass er für den Gottesdienst und das Gebet unwürdig wurde. Schon durch eine Berührung wurde man sofort unrein. Um das wieder zu reparieren, war eine bestimmte Art und Anzahl von Waschungen und Fastenübungen vorgesehen. (Im Islam können auch Speisen verunreinigen, z. B. Schweinebraten.)

Jesus erklärte das alles zur Makulatur:

Nichts, was von außen in den Menschen hineinkommt, kann ihn unrein machen, sondern nur das, was aus dem Menschen herauskommt. (Mk 7, 15)

Die Leute waren so in ihren alten Vorstellungen befangen, dass sie überhaupt nicht kapierten, was Jesus meinte. Auch seine eigenen Gefolgsleute nicht. Im Gegensatz zu den Gesetzeslehrern war ihm körperliche Unreinheit nicht so wichtig, dafür umso mehr die der Seele: Was von außen in den Körper hineinkommt, auch das Essen, so sagt er, gelangt ja nicht ins Herz, sondern in den Magen und wird wieder ausgeschieden. Und ist deshalb – das kann man hinzufügen – nicht wichtig. Diese Erkenntnis hatte positive Auswirkungen für die zivilisierte Welt: Seitdem dürfen die Christen im Gegensatz zu den Juden, Muslimen und Hindus essen, was sie wollen.

Von innen, sagt Jesus, aus dem Herzen der Menschen kommen die schlechten Ideen: Diebstahl, Mord, Habgier, Bosheit, Hinterlist, Neid, Verleumdung, Hochmut, Unvernunft.

Das ist keine falsche Erkenntnis, wenn man sich mal überlegt, wie oft Menschen verleumdet werden, obwohl die Verleumder nicht den geringsten Beweis für ihre Verleumdung haben. Das Schlechte existiert oft nicht in der Wirklichkeit, sondern in den Herzen der Menschen.

Der Mensch ist wichtiger als das Gesetz

Es passierte, dass Jesus an einem anderen Sabbat in der Synagoge eine Predigt hielt und dort einen Mann traf, dessen rechte Hand verkrüppelt war. Er wusste, die anwesenden Schriftgelehrten warteten nur darauf, dass er irgendeine Gesetzesverletzung begehe. Gerade deswegen sagte er zu dem Mann mit der verkrüppelten Hand, er solle aufstehen und sich in die Mitte stellen. Die Sache war von ihm als eine bewusste Provokation angelegt. Denn jetzt fragte er die anwesenden Pharisäer:

Was ist am Sabbat erlaubt: Gutes zu tun oder Böses, ein Leben zu retten oder es zugrunde gehen zu lassen? (Lk 6, 9)

Er blickte in die Runde, niemand rührte sich. Daraufhin sagte Jesus zu dem Mann, er solle seine Hand ausstrecken, und tatsächlich war der dazu in der Lage. Was immer auch da passiert sein mag – jedenfalls wurde Jesus an diesem Sabbat tätig, um einem anderen Menschen zu helfen. Es war von ihm eine absichtliche Demonstration mit dem Ziel, den Pharisäern zu zeigen, dass sich niemand an unsinnige Gesetze halten müsse, die sich gegen den Menschen richten: Der Mensch ist der Maßstab des Gesetzes. Mit dieser Frage hatte er ihre doppelte Moral aufgedeckt und gleichzeitig vor den Gläubigen gezeigt, dass die Pharisäer auf diese einfache Frage nicht antworten konnten, weil ihnen in ihrer Gesetzesmanie die Souveränität fehlte, die richtige Antwort zu geben.

Da wurden sie von sinnloser Wut erfüllt, berichtet Lukas, *und sie berieten, was sie gegen Jesus unternehmen könnten. (Lk 6, 11).*

Jeder, der schon einmal in einem Gremium, z. B. einer Bundestags-Fraktion, gegen eine herrschende Meinung und Lehre aufgetreten ist, weiß, wie schwer es für den Redner wird, wenn mit Schreien

116

und Brüllen eine feindselige Stimmung hochkocht. Jesus war solchen Situationen aber nicht ein- oder zweimal im Jahr ausgesetzt. Fast täglich mischte er sich ein, um die gesellschaftlichen und religiösen Normen zu sprengen, unter denen vor allem die kleinen Leute stöhnten.

Die ultimative Auseinandersetzung, die Jesus vier Tage vor dem Osterfest mit Pharisäern und den Sadduzäern mit unerhörter Schärfe führte und bei der er sie – laut Matthäus, Markus, Lukas – Heuchler, blinde Wegführer, Prasser, Wölfe im Schafspelz nannte, war, auch wenn die Beschimpfungen von unseren biblischen Endredakteuren erfunden worden sind, ein Wagnis ohnegleichen. Bei den Angegriffenen handelte es sich um die jüdische Führungsschicht im damaligen Palästina, die über Herrschaft und Macht und vor allem über Geld verfügte. Sich mit ihnen anzulegen war fast schon tollkühn zu nennen. Jerusalem war damals das Zentrum der jüdischen Theologie und der juristischen Gelehrsamkeit. Den Schriftgelehrten beider Parteien, der Pharisäer und der Sadduzäer, standen die Führungspositionen in der Politik, aber auch im Bildungswesen offen. Zugang zum Hohen Rat hatte nur der Schriftgelehrte, und wie wir schon früher gesehen hatten, war der Schriftgelehrte die absolute Autorität. Im Talmud heißt es sogar, die Worte der Schriftgelehrten hätten mehr Bedeutung als die Worte der Tora. Und deswegen sei es auch schlimmer, gegen die Worte der Schriftgelehrten zu verstoßen als gegen die Worte der Tora.[40] Es gehörte einfach Mut dazu, den Schriftgelehrten in ihrer ureigensten Domäne, nämlich der Gesetzesauslegung, zu widersprechen, erst recht darüber hinaus ihre zur Schau gestellte Frömmigkeit zu brandmarken und zu entlarven. Man kann aus seinen Worten die Erregung herausspüren, die Jesus erfasste, wenn er die rituelle, die schablonenhafte Veräußerlichung des religiösen Lebens angriff.

Ihre Engstirnigkeit ging ihm besonders auf die Nerven. An einem Sabbat ging Jesus mit seinen Leuten durch einige Getreidefelder, berichtet Matthäus. Seine Begleiter taten das, was jeder auch schon einmal getan hat, wenn er an einem reifen Kornfeld vorbeikommt: Man reißt ein paar Ähren ab, zerreibt sie zwischen den Händen und isst die frischen Körner. Jesus und seine Anhänger machten es genauso. Wenn die Gesetzeshüter sich dagegen gewehrt hätten, dass möglicherweise dem Bauern das Feld kaputtgemacht oder seine Ernte dezimiert wird, dann hätten sie ja auch Recht gehabt. Aber nicht das warfen sie Jesus und seinen Leuten vor, sondern dass sie diese Ähren an einem Sabbat gerupft hatten: «Deine Jünger tun etwas, was man am Sabbat nicht tun darf» (Mt 12, 1–8). In seiner Antwort erwies sich Jesus als Kenner der Tora und erinnerte die Schriftgelehrten, die dies ja hätten wissen müssen, dass König David und seine Gefährten, als sie Hunger hatten, sogar in den Tempel hineingegangen waren und die Schaubrote gegessen hatten, die den Priestern gehörten. Und er fügte hinzu, was die eigentliche Provokation war: Der Menschensohn ist Herr über den Sabbat. Damit hat er nicht sich selbst, sondern ganz einfach die Menschen gemeint.

Jesus war in den Augen vieler Schriftgelehrter und Gesetzeshüter ein Rechtsbrecher, der das mosaische Gesetz antastete. In Wirklichkeit wollte er aber die Menschen aus dem Gesetzeskorsett mit über 620 Vorschriften befreien. Man kann auch sagen: Er wollte die jüdische Gesellschaft entbürokratisieren und den Menschen mehr Freiheit geben, auch den damaligen Unternehmen. Der Bauer sollte am Sabbat seine Kuh aus der Grube ziehen dürfen, weil davon seine Existenz abhing, genauso wie heute Sonntagsarbeit für manche Computerfirmen und Chiphersteller unabdingbar ist, weil man die Geräte nicht einfach zwei Tage abstellen kann.

Jesus und das Fasten

Man kann sehr bezweifeln, ob Jesus ein Asket war wie die Mönche und Einsiedler, die ja behaupten, ihm nachzufolgen. Sicher hat er kein prasserisches Leben geführt. Dafür fehlten ihm die Mittel. Dass er 40 Tage in der Wüste gefastet hat, ist nicht wörtlich zu nehmen, weil die Zahl 40 einen symbolischen Charakter hat und das semitische Fasten nur einen temporären Verzicht auf bestimmte Speisen, zum Beispiel Fleisch, bedeutet. Honig und Heuschrecken waren erlaubt, wobei mit Honig höchstwahrscheinlich der Saft der Dattel gemeint ist. Und Heuschrecken sollen, wie schon erwähnt, geröstet sogar eine Delikatesse sein. Von Essen und Trinken ist, wie wir gesehen haben, in den Evangelien öfter die Rede, und das Symbol des immer während Bundes, den Jesus mit den Menschen geschlossen hat, ist ja das Abendmahl. Er selbst berichtet von sich (Mt 11, 19; Lk 7, 34), dass bei ihm gegessen und getrunken wird. Er hat auch immer darauf geachtet, dass die anderen um ihn herum und das Volk genügend zu essen hatten. Die Wein- und Brotvermehrung war eine soziale Tat. Die Menschen sollten keinen Durst haben und nicht hungern. In der Endzeitrede stellt er es als besonders vorbildlich heraus, Hungernden zu essen und zu trinken zu geben. Seine Gegner hatten ihm vorgeworfen, regelrecht zu fressen und zu saufen, was moralisch fast noch schlimmer war, als Freund der Zöllner und Sünder zu sein (Mt 11, 9).

Eines Tages kamen die Leute zu ihm und sagten: «Die Jünger des Johannes und die Pharisäer fasten, aber deine Jünger nicht. Warum eigentlich?» Jesus stellte eine Gegenfrage, was man in der Regel immer tut, wenn man keine richtige Antwort geben will: Sollten denn die Hochzeitsgäste fasten, solange die Hochzeit noch gar nicht zu Ende ist? Hinterher könne man ja kürzer treten.

Jesus hatte offensichtlich kein Faible für die Fasterei seiner Landsleute. Er fand die jüdische Fastenpraxis und das Fastengetue der hohen Geistlichkeit einfach lächerlich. Er forderte sie auf, wenn sie schon fasteten, wenigstens kein finsteres Gesicht zu machen und nicht mit Leidensmine herumzulaufen, damit man ja gleich merken kann, dass gefastet wird. Sie sollten sich waschen und die Haare einölen; es reiche völlig aus, wenn Gott es merke.

Der Ärger war natürlich groß, aber die Juden waren gar nicht verpflichtet, wochenlang zu fasten, sondern lediglich an einem Tag, nämlich dem Versöhnungstag. Bei einer Hungersnot konnten von der Regierung Fastentage beschlossen werden. Das hatte aber nichts mit Askese zu tun, sondern mit der Rationierung der Lebensmittel. Die Pharisäer fasteten öfter, angeblich stellvertretend für die Sünden anderer, und zwar zweimal in der Woche, montags und donnerstags. So schlimm war die Fasterei aber auch wieder nicht, weil sie nur zwischen Sonnenaufgang und Sonnenuntergang vorgeschrieben war. Zur Morgendämmerung konnte man ein reichliches Frühstück zu sich nehmen und nach Sonnenuntergang ein üppiges Abendessen.

So ist es ja auch im muslimischen Fastenmonat Ramadan. Jesus hatte jedenfalls für solche verlogenen Frömmigkeitsübungen nichts übrig. Rituelle Waschungen, Pseudofasten, Einsiedeleien à la Nikolaus von der Flüe, Bußübungen alter Art und sonstige Formalien im Arsenal der Rigoristen sind nicht Inhalt der jesuanischen Botschaft. Wenn schon Opfer, dann müssen sie auch wehtun, war seine Meinung, und der Nächstenliebe dienen. Wenn ihr schon fromm sein wollt, dann verkauft euren Besitz und gebt das Geld den Armen. Adveniat, Brot für die Welt, die Hungermärsche hätten seinen Beifall gefunden.

Zölibat

Am meisten würde sich Jesus wahrscheinlich darüber aufregen, dass einige seiner Nachfolger sich in vielfacher Hinsicht in leibhaftige Pharisäer und Sadduzäer verwandeln. Die Kirchen haben ein Kirchenrecht und Kirchenregiment entwickelt, das in seiner Rigidität dem von den Juden des alten Testaments geschaffenen Gesetzeswerk, das Jesus so leidenschaftlich bekämpft hat, in nichts nachsteht. Es steht auch im Gegensatz zu Caritas und Diakonie, den großartigen und unverzichtbaren Leistungen der Kirchen.

In atemberaubender Kasuistik werden im *Codex iuris canonici* Rechtsfolgen und Kirchenstrafen für alle nur denkbaren Verfehlungen der Menschen bis hin zum Lesen verbotener Bücher ausgesprochen. Der akut schlimmste Fall ist der Zölibat, d. h. die kirchenrechtliche Vorschrift, dass Priester nicht heiraten dürfen. Dadurch entsteht eine unhaltbare Situation für Zehntausende von Männern, die sich dazu entschlossen haben, katholische Pfarrer zu werden. Ihnen wird vom Kirchenrecht die Ehelosigkeit vorgeschrieben. Dieses Gebot gilt nur für die lateinische Sektion der katholischen Kirche. Die mit der katholischen Kirche uniierten orthodoxen Geistlichen dürfen heiraten oder wenigstens verheiratet sein. Für andere christliche Konfessionen gilt genau dasselbe. Es war eine der großen Taten Luthers, den Zölibat beseitigt zu haben.

Es gibt wohl keine kirchenrechtliche Regelung, die so oft verletzt wird wie die Vorschrift des Zölibats. Sie kann nicht eingehalten werden, weil sie der Natur des Menschen, wie sie von Gott geschaffen worden ist, widerspricht. Zum vollen menschlichen Leben gehört die Sexualität, d. h. eben auch die körperliche und geistige Liebe zwischen Mann und Frau.

Was Jesus für besonders «Auserwählte», z. B. die Mönche und die Ordensleute, für möglich hält, hat er doch nicht für den normalen Priester vorgesehen – falls die Keuschheits- und Armutsratschläge überhaupt von ihm stammen und nicht von unseren biblischen Endredakteuren 40 Jahre später unter dem Einfluss der strengen Theologie des Paulus in die Evangelien hineingeschmuggelt worden sind.

Gesetze gegen die Menschen

Jesus sagt mehrfach, dass er die Gesetze und die Normen nicht aufheben will. Aber sein Kampf beginnt dort, wo die Gesetze sich gegen die Menschen und die Nächstenliebe richten, wo der Rechtssatz, der Gesetzeswortlaut, wichtiger genommen wird als das Schicksal der Menschen, die vom Gesetz betroffen werden. Deswegen heilt er die Menschen auch am Sabbat. Seine Botschaft lautet: Der Mensch ist wichtiger als die Norm.

Das würde Jesus auch allen Beamten sagen, wenn sie Leistungsgesetze anwenden, aufgrund derer entschieden wird, ob jemand eine Rente, eine Entschädigung oder eine sonstige Hilfe bekommt. Der Satz, der Mensch ist wichtiger als das Gesetz, bedeutet nämlich auch, dass die Gesetze im Zweifel zugunsten der Menschen ausgelegt werden müssen. Wenn der Beamte einen Ermessensspielraum hat, dann sollte das Motiv seiner Entscheidung nicht darin liegen, vom Finanzdezernenten oder vom Oberbürgermeister deswegen gelobt zu werden, weil er der Stadt Geld gespart hat, sondern sein Motiv muss sein, dem Menschen, der ihn um Hilfe bittet, Priorität zu geben.

1997 hat der Erste Polizeihauptkommissar Schlosser in Landau/Pfalz den in Angola geborenen Asylflüchtling Alves João Dacosta aus der Ausnüchterungszelle der Polizeidirektion Landau, in der sich Dacosta in Abschiebehaft befand, befreit, da er die Unterbringung in diesem Polizeigewahrsam nach mehreren Tagen für menschenunwürdig und rechtswidrig hielt. Schlosser wurde in allen Instanzen wegen Gefangenenbefreiung auf Bewährung verurteilt und disziplinarrechtlich gerügt. Aus den Prozessen und Verfahren, denen der Polizeibeamte unterworfen wurde, zeichnet sich ein bedrückendes Bild der Gedankenwelt der richterlichen und exekutiven Hüterinnen und Hüter der rechtsstaatlichen Ordnung in der Bundesrepublik Deutschland ab. Unbestritten handelte es sich bei der Unterbringung des Abschiebehäftlings um einen rechtswidrigen Missstand, der von den zuständigen Instanzen nicht behoben wurde. Schlosser hatte sich die Entscheidung nicht leicht gemacht, sondern diskutierte tagelang mit sich und anderen um die Frage, was für ihn wichtiger sein müsse: die Pflichterfüllung gegenüber dem normalen Gesetz oder die Gewissensentscheidung in einer konkreten Situation. Schlosser hat sich gegen das formale Recht und für die inhaltliche Gerechtigkeit zugunsten eines anderen Menschen entschieden. Nach seiner eigenen Aussage hat ihm die Lektüre des Evangeliums bei dieser Entscheidung geholfen.

Kirchenasyl

Mutige Pfarrer und Gemeindemitglieder beider Konfessionen haben den Jesus-Satz, man müsse Gott mehr gehorchen als den Menschen, auch auf die heutige Rechts- und Verwaltungspraxis bei der Behandlung von abgelehnten Asylbewerbern angewandt. Evangelische und katholische Kirchengemeinden haben schon vor Jahren beschlossen, abgelehnten Asylbewerbern unter bestimmten Voraussetzungen ein so genanntes Kirchenasyl zu gewähren, d. h. diesen Menschen kirchliche Räume zu öffnen in der Hoffnung, dass die Polizei diese Räume respektieren wird, so wie früher im Mittelalter.

Nun darf in einem Rechtsstaat niemand für sich beanspruchen, im Sinne einer elitären Moral Gesetze missachten oder übertreten zu können, auch wenn es in guter Absicht geschieht. Insofern ist der Satz «Kirchenasyl ist Rechtsbruch» formal in Ordnung. Es hat jedoch in der Vergangenheit eine Fülle von rechtlich zweifelhaften asylrechtlichen Entscheidungen gegeben. Kirchenasyle haben erzwungen, dass Flüchtlingsschicksale erneut überprüft und revidiert wurden. Das Kirchenasyl hat auch dazu gedient, eklatante Mängel des derzeitigen Asylverfahrens transparent zu machen, die zum Teil auch nach den entsprechenden Protesten geändert wurden. Man kann daher das Argument nicht von der Hand weisen, dass das Kirchenasyl es ermöglicht habe, «dem Recht zum Recht zu verhelfen». Eine fehlerhafte Baugenehmigung kann revidiert werden, Folter oder Tod nach einer rechtswidrigen Abschiebung aber sind unwiderruflich. In vielen Einzelfällen ist Kirchenasyl eine Form des übergesetzlichen Notstandes.

Predigt in Nazareth über die Liebe

Bei seinem ersten und einzigen Auftritt in Nazareth (Lk 4, 16), also gleich zu Beginn seiner Predigttätigkeit in Galiläa, gab Jesus ein Signal für das, was er mit seiner Botschaft erreichen wollte – oder besser gesagt, er bestätigte den Kern seiner Bergpredigt, nämlich die Nächstenliebe. Als er nämlich am Sabbat, wie früher auch in seiner Jugendzeit gewohnt, die Synagoge besuchte, machte er von dem Recht Gebrauch, das den männlichen Israeliten zustand, eine Lesung aus den prophetischen Büchern zu halten und diese auch zu interpretieren. Man reichte ihm das Buch des Propheten Jesaja, und er las folgendes vor:

Der Herr hat mich gesandt / damit ich den Armen eine gute Nachricht bringe
damit ich den Gefangenen die Entlassung verkünde / und den Blinden das Augenlicht
und damit ich die Zerschlagenen in Freiheit setze. (Jes 61, 1–2)

Da war sie wieder: die gute Nachricht für die Armen, das *eu-ange-lion*, das Evangelium, die frohe Botschaft.

Alle waren gespannt, was er nun sagen würde. Seine Rede ist uns nicht erhalten. Aber in dem Bericht des Lukas heißt es, dass sie bei allen Beifall fand und die Zuhörer bewunderten, wie begnadet er geredet habe.

Bei einer anderen Gelegenheit sagte er:

Der Messias ist der Bringer des Heils, der Liebe, und nicht der Bringer des Gerichts.

Gott hat seinen Sohn nicht in die Welt gesandt, damit er die Welt richtet, war der Inhalt des Gespräches mit Nikodemus während des Passahfestes in Jerusalem, *sondern damit die Welt durch ihn gerettet wird (Joh 30, 10).*

Einige Tage später, als Johannes der Täufer zwei Männer nach Kapharnaum schickte, um Jesus zu fragen, ob er der Messias sei, schickte Jesus die beiden zurück und sagte ihnen, sie sollten Johannes berichten, was sie gehört hätten:

Den Armen wird die frohe Botschaft verkündet. (Lk 7, 22)

Die Versammlung in der Synagoge von Nazareth nahm allerdings ein turbulentes Ende wegen der Provokation einiger Zuhörer, die die geistliche Legitimation von Jesus als Sohn des Dorfbewohners Josef infrage stellten. «Ist das nicht der Sohn Josefs?», riefen sie. Das sollte heißen: Wie kann denn so einer uns die Schrift auslegen, was will der eigentlich hier?

Es war keine einfache Situation, aber Jesus war nicht bereit, diesen Leuten eine Konzession zu machen und nachzugeben. Die Stimmung kam zum Kochen, als er die Leute daran erinnerte, dass schon früher die Propheten in ihrer Heimat nichts gegolten hätten. Der Prophet Elias z. B. sei, als Hungersnot über das Land ausgebrochen war, nicht zu den jüdischen Witwen gekommen, sondern zu den Witwen in Sarepta bei Sidon, und der Prophet Elischa habe einen weiten Bogen um die Aussätzigen in Israel gemacht, dafür aber den Syrer Naanam besucht. Die Leute in der Synagoge gerieten daraufhin in Wut. Sie waren in ihrer patriotischen Seele verletzt. Sie sprangen auf, trieben Jesus zur Stadt hinaus, brachten ihn an den Berghang, auf dem Nazareth erbaut war, und wollten ihn hinabstürzen. Wäre er dann nicht gleich tot gewesen, hätte man den Rest durch Steinigung erledigt. Er bahnte sich aber einen Weg mitten durch seine Verfolger und ging einfach weg. Sie wagten es nicht, ihn anzufassen.

Steuern für den Kaiser?

Jesus hatte mit seiner Rede gegen den Ungeist des Pharisäismus kurz vor dem Passahfest mit der Obrigkeit in Jerusalem abgerechnet. Er hatte im Grunde genommen nichts Strafbares getan, wenn man mal von der Sachbeschädigung, Körperverletzung und dem Hausfriedensbruch absieht, die er bei der Tempelreinigung begehen sollte. Diese Vergehen galten als nicht schwerwiegend. Kernpunkt der Auseinandersetzung war die radikale Neuheit seiner Botschaft, die die bis dahin geltende Ordnung des Gesetzes infrage stellte und die Obrigkeit, nämlich die Sadduzäer, herausforderte.

Es gab viele Anlässe, aufgrund derer es in den Evangelien heißt: «Die Hohen Priester und Schriftgelehrten überlegten, wie sie ihn vernichten könnten». Das waren wie gesagt nicht die Pharisäer; die stritten mit ihm theologisch, aber wollten ihn nicht töten. Anders die Sadduzäer. Sie hatten Furcht vor ihm, denn das Volk bewunderte seine Reden und stand auf seiner Seite. Eine Festnahme wegen des religiös-politischen Inhaltes seiner Reden hätte zu Krawallen führen können. Sie versuchten also Jesus hereinzulegen. Diesmal schickten sie einige Pharisäer und Anhänger des Herodes vor, um Jesus mit einer gefährlichen Geschichte in eine Auseinandersetzung mit der römischen Besatzungsmacht zu verwickeln. In Jerusalem waren ja die Herodianer und die Sadduzäer eher romfreundlich, während die Pharisäer den Römern ablehnend gegenüberstanden (Mk 12, 13–17). Sie formulierten eine Frage, bei der sie sicher waren, dass Jesus auf jeden Fall, egal, was er antwortete, sich strafbar oder schuldig machen würde – so in dem Stil der berühmten Fangfrage: Hast du deine Frau heute schon wieder geschlagen? Ob man mit Ja oder Nein antwortet – es ist immer falsch und peinlich.

Sie fragten ihn also nach dem heißesten Eisen, das es damals religionspolitisch zu diskutieren gab.

Rabbi, war die schleimige Einleitung, *wir wissen dass du immer die Wahrheit sagst und wirklich den Weg Gottes lehrst, ohne auf jemanden Rücksicht zu nehmen; denn du siehst nicht auf die Person.* Nach dieser Heuchelei kam die eigentliche Frage: *Sag uns also: Ist es nach deiner Meinung erlaubt, dem Kaiser Steuern zu zahlen oder nicht? Sollen wir sie zahlen oder nicht zahlen? (Lk 20, 20)*

Die Frage hatte es in sich. Würde er sagen, ja, es ist erlaubt, dann wäre er beim Volk erledigt gewesen. Würde er aber antworten, nein, es ist verboten, dann hätte er die Römer am Hals gehabt und sich als Rebell geoutet, der zum Gesetzesbruch aufruft.

Statt einer Antwort reagiert Jesus mit einer Gegenfrage:

Warum stellt ihr mir eine Falle? (Mt 22, 19)

Er durchschaut die Absicht der Fragesteller und verlangt, dass sie ihm einen Denar bringen. Er sagt ausdrücklich: «Ich will ihn sehen.» Der Denar war die römische Münze und sozusagen das Symbol für die römische Unterdrückung. Deshalb wurde er als Zahlungsmittel für die Tempelsteuer vom Hohen Rat abgelehnt. Ein anständiger Jude sollte ihn eigentlich gar nicht besitzen.

Jesus bringt dadurch die Fragesteller in eine nicht geringe Verlegenheit, denn erstens zeigt er mit der Frage, dass er selber, im Gegensatz zu den Fragestellern, von diesem verhassten Geld kein

Stück in der Tasche hat. Als sie ihm den Denar bringen, führt er sie noch einmal vor. Anstatt das Geldstück zu interpretieren, zwingt er sie, das selber zu machen, indem er fragt: Wessen Bild und Aufschrift ist das?

Es blieb ihnen nichts anderes übrig, als zu antworten: «Des Kaisers.» Die Antwort Jesu, wie sie in den meisten Übersetzungen steht, ist eine falsch übersetzte. Normalerweise steht überall, dass Jesus gesagt habe: «Gebt dem Kaiser, was des Kaisers ist, und Gott, was Gottes ist.» Diese Antwort macht aber wenig Sinn, weil sie ja besagen würde, dass die Steuer zu Recht bezahlt werden müsste, weil sie dem Kaiser gehört. Im griechischen Urtext steht nicht «dote», also ‹gebet›, sondern «apodote», und das heißt ‹gebt zurück›. Pinchas Lapide weist darauf hin, dass nach römischem Münzrecht dem Kaiser alle Münzen mit seinem Bild, die in Umlauf waren, als persönliches Eigentum gehörten. Die Römer konnten diese Antwort nicht gegen Jesus verwenden. Aber für die Juden war der Sinn der Antwort klar: Sie sollten dem Kaiser das Geld nicht als Steuer, sondern als sein Eigentum wieder zurückgeben, denn dort gehörte es hin. Das hieß auch: Benützt es nicht, ich habe es auch nicht in der Tasche. Die Frager waren sprachlos «und wunderten sich über ihn» (Mk 12, 17).

Sex im Himmel?

Nun waren die Sadduzäer dran. Sie waren Gegner des Auferstehungsglaubens und wollten Jesus daher mit einer besonders kniffligen Sex-Frage lächerlich machen: Eine Witwe hatte die sieben Brüder ihres verstorbenen Ehemannes nach dessen Tod jeweils der Reihe nach geheiratet. «Wessen Frau wird sie nun nach der Auferstehung sein? Alle sieben haben sie doch gehabt?» (Mk 12, 18–27). «Wenn die Menschen im Himmel sind», war seine Antwort «werden sie sein wie die Engel.»

Das war zwar eine elegante Antwort, aber wenn es denn einmal so sein sollte, wäre es eigentlich schade.

Die Sadduzäer merkten, dass sie Jesus argumentativ nicht gewachsen waren. Sie beschlossen daher, ihn mit Hilfe der Römer loszuwerden.

Herausforderung für die Diktatoren

Die Antwort, die Jesus den Pharisäern auf die Frage nach der Steuer gab, diente den Entpolitisierern des Christentums als Begründung ihrer These, dass das «Reich Gottes» mit dem «Reich der Welt» nichts zu tun habe.

Aber warum sind dann Christen, seit es diese Religion gibt, von politischen Machthabern jeder Couleur verfolgt worden? Jesus hat dies vorausgesehen:

Nehmt euch vor den Menschen in Acht, sagt er zu seinen Anhängern, denn sie werden euch vor die Gerichte bringen und in ihren Kulthäusern auspeitschen. Ihr werdet um meinetwillen vor Statthalter und Könige geführt, damit ihr vor ihnen und den Heiden Zeugnis ablegt. (Mt 10, 17)

Und er sagte voraus, was die Bundestagsabgeordnete Vera Lengsfeld fast um den Verstand brachte, als sie erfuhr, dass ihr eigener Mann sie als Stasi-Agent bespitzelt und denunziert hatte:

Brüder werden einander dem Tod ausliefern und Väter ihre Kinder, und die Kinder werden sich gegen ihre Eltern auflehnen und sie in den Tod schicken. (Mt 10, 21)

In nahezu allen Diktaturen wurden aus ideologischen Gründen die Kinder in Kindertagesstätten und Schulen gegen ihre Eltern erzogen und engste Familienmitglieder gegeneinander aufgehetzt. Die

Despoten dieser Welt haben schon immer die Botschaft des Evangeliums als eine Herausforderung ihrer Macht verstanden und damit hatten sie völlig Recht. Die Volksrepublik China, Vietnam und Nordkorea verfolgen Christen sozusagen von Staats wegen. Länder, in denen mächtige fundamentalistische Gruppen die Mehrheitsreligion vertreten, schränken die Religionsfreiheit religiöser Minderheiten ein. In einer Reihe von Staaten ist die Religionsausübung von Christen regelrecht verboten, wie z. B. in Saudi-Arabien, im Iran, im Jemen und in Nordkorea. Christen werden verfolgt, weil sie die politische Botschaft des Evangeliums ernst nehmen und gegen gesellschaftliche Missstände und Ungerechtigkeiten auftreten, wie etwa in Lateinamerika. Eine Religion, die einen universellen Anspruch erhebt – und dazu gehört auf jeden Fall die katholische Kirche mit einer Milliarde Mitgliedern auf der ganzen Welt – wird von diesen Staaten per se als Einmischung in ihre inneren Angelegenheiten betrachtet. In religiösen Fragen gehorchen diese Menschen nicht der jeweiligen Regierung, sondern ihrem geistlichen Oberhaupt, z. B. dem Papst.

Noch vor etwas mehr als 100 Jahren hatte Bismarck katholische Bischöfe, wie zum Beispiel die von Münster und Paderborn, ins Gefängnis werfen lassen, weil sie in religionspolitischen Fragen nicht auf die wilhelminischen Kaiser, sondern auf den Papst hören wollten. Aus demselben Grund können in China, dem bevorzugten Handelspartner der USA und der europäischen Industriestaaten, die zum Teil von Opus-Dei-Leuten regiert werden, romtreue Katholiken und Anhänger protestantischer Hauskirchen ihren Glauben weitgehend nur im Untergrund ausüben. Im Jahre 2002 saßen mindestens 20 katholische Bischöfe, 40 katholische Priester und eine nicht bezifferbare Zahl von Katholiken im Gefängnis, weil sie die Abkoppelung vom Papst in Rom nicht akzeptierten.

Obwohl nach der Charta des Internationalen Olympischen Komitees Staaten, die Rassen-, Geschlechts- und Religionsapartheid betreiben, zu den Olympischen Spielen nicht zugelassen werden dürfen, hat das IOC den Chinesen sogar die Ausrichtung der Olympischen Spiele übertragen. Sie wurden in die Welthandelsorganisation (WTO) aufgenommen, ohne die Religionsfreiheit garantieren zu müssen. Manche hoffen, dass durch die Verbesserung der wirtschaftlichen Beziehungen und die Austragung der Olympischen Spiele der Freiheitsraum in China ausgeweitet wird, auch für die Religionsgemeinschaften. Aber das ist eine faule Ausrede, solange nicht die geringsten Ansätze von Religions- und Meinungsfreiheit erkennbar sind.

Über Christenverfolgung zu reden war in den vergangenen Jahrzehnten nicht sehr beliebt. In der UNO, die eigentlich auch für die Menschenrechte der Christen eintreten müsste, sitzen in der Mehrheit Vertreter von Staaten, deren Bevölkerung früher von christlichen Kolonialmächten unterdrückt wurde. Es waren eben Christen, die Indios gepfählt, amputiert und bei lebendigem Leib langsam geröstet haben. Diese Exzesse, mit denen Christen ihre eigene Religion verraten haben, gehören genauso wie die Christenverfolgung der Kommunisten zu der Welt des Machtmissbrauchs, des Terrors und der Ausbeutung, deren Überwindung das Ziel der «frohen Botschaft» ist.

Keine Angst vor Königsthronen

Wie wir wissen, ging es mit Jesus eigentlich erst richtig los, nachdem Johannes von Herodes verhaftet und umgebracht worden war. Johannes spielt in allen Evangelien eine große Rolle als «Vorläufer» von Jesus. Jesus wurde von ihm getauft. Er war Geist von seinem Geist und die vorweggenommene Inkarnation des moralischen Widerstands gegen staatliche Ungerechtigkeit und Willkür – ein Widerstand, der zu einem wesentlichen Inhalt der politischen Botschaft von Jesus wurde.

Die Geschichte der Ermordung des Johannes hat von jeher die

Phantasien entzündet. Dichter haben Dramen geschrieben, und Richard Strauss hat eine seiner besten Opern komponiert: Salome. Was da geschah, gibt ziemlich deutlich die psychologische, politische und rechtliche Situation im damaligen Palästina wieder. Herodes Antipas (das ist der komplette Name) war der Sohn Herodes' des Großen, des Mörders der unschuldigen Kinder, nach dessen Tod der Kaiser Augustus das Königreich Judäa in vier Fürstentümer aufteilte, darunter Galiläa, dessen Tetrarch Herodes Antipas wurde.

Sein Bruder Philippus hatte eine sehr schöne Frau namens Herodias geheiratet. Herodes verliebte sich in sie, und für das Problem, sie zu kriegen und auch legal heiraten zu können, hatte er eine einfache Lösung: Er ließ seinen Bruder umbringen.

Daraufhin zog Johannes landauf, landab durch die Gegend und kritisierte dieses Verbrechen. Er hatte auch keine Angst vor Königsthronen und sagte dies daher dem Herodes ins Gesicht. Der König selber hatte eigentlich ein gutes Verhältnis zu Johannes und fürchtete sich vor ihm, «weil er wusste, dass dieser ein gerechter und heiliger Mann war» (Mk 6, 20). Aber Herodias hasste Johannes, weil sie fürchtete, dass der König wegen der anhaltenden Kritik sie ebenfalls beseitigen oder wenigstens verstoßen würde. Herodes suchte das Gespräch, und sooft er mit ihm sprach, «wurde er unruhig und ratlos, und doch hörte er ihm gerne zu» (Mk 6, 20).

Nun sind Frauen, wenn es um die Liebe geht, bekanntlich erfinderisch. An seinem Geburtstag richtete Herodes für die Hofbeamten, die Offiziere und die vornehmsten Bürger von Galiläa ein großes Festmahl aus. Während des Essens gab es eine Tanzeinlage der Tochter der Herodias, die Salome hieß. Sie muss den König so bezaubert haben, dass er nach dem Tanz zu ihr sagte:

Wünsch dir, was du willst; ich werde es dir geben, selbst wenn es die Hälfte meines Reiches wäre.

Herodes war nicht der erste und nicht der letzte Mann, der wegen einer Frau seine Existenz aufs Spiel setzte. So gewaltig war Galiläa nun auch wieder nicht: vielleicht so groß wie die Südpfalz und Vorderpfalz zusammengenommen, inklusive der Stadt Speyer mit ihrem Kaiserdom.

Das Mädchen war mit diesem Angebot, wie man sich denken kann, überfordert. Sie ging mit ihrer Mutter Herodias aus dem Saal und fragte sie: «Was soll ich mir wünschen?» Die knappe Antwort lautete: «Den Kopf des Täufers Johannes.» Das Mädchen lief zum König hinein und sagte:

Ich will, dass du mir sofort auf einer Schale den Kopf des Täufers Johannes servieren lässt.

Markus berichtet, der König sei sehr traurig geworden, aber weil er vor allen Gästen einen Schwur geleistet hatte, wollte er ihren Wunsch nicht ablehnen. Herodes muss ein Typ gewesen sein wie Nero. Peter Ustinov hat diesen römischen Kaiser, der Rom angezündet und den Brand den Christen in die Schuhe geschoben hatte, in dem Film «Quo vadis?» unnachahmlich dargestellt: als weinerlichen und rührseligen Sadisten. Also ließ er den Johannes köpfen. Der Kopf gelangte dann auf einer Schale stafettenartig vom Scharfrichter erst zur Tochter und dann zur Mutter. Was die mit dem Kopf gemacht hat, ist unbekannt. Den Torso holten seine Anhänger und legten ihn in ein Grab.

«Mut vor Königsthronen» wäre heute nicht so lebensgefährlich wie vor 2000 Jahren. Dennoch fehlt er weitgehend im politischen Leben. Ich sehe darin eine Hauptursache für Stillstand und Reformunfähigkeit: konform – uniform – chloroform.

Intoleranz und Feigheit in der Politik

Jesus hätte den idealen Volksvertreter verkörpert, wie er im Artikel 38 des Grundgesetzes beschrieben wird: nämlich an Aufträge und Weisungen nicht gebunden und nur seinem Gewissen unterworfen. Ein Charakteristikum seines Auftretens war, dass er selbständig war, seine Unabhängigkeit bewahrte, genügend Mut aufbrachte, um nicht mit den Wölfen zu heulen, sondern zu widersprechen.

Wir erinnern uns an die Weissagung des alten Simeon: Jesus – ein Zeichen, dem widersprochen wird. Aber man kann nur Widerspruch erfahren, wenn man selber Position bezieht, auch wenn die Luft eisenhaltig wird. Den Abgeordneten nach Art. 38 GG gibt es inzwischen nicht mehr. In den politischen Parteien, vor allem in den Fraktionen des Bundestages, ist der Fraktionszwang die absolute Regel geworden. Die Kujonierung der Abgeordneten macht auch nicht Halt vor Angelegenheiten, die normalerweise typische Gewissensfragen sind, nämlich wenn es um Krieg oder Frieden geht. Beim Mazedonien-Einsatz der Bundeswehr im Herbst 2001 wurden die Abgeordneten der SPD und der Grünen, obwohl unter ihnen eine Reihe überzeugter Pazifisten waren, durch die Vertrauensfrage des Bundeskanzlers gezwungen, gegen ihr eigenes Gewissen zu stimmen, obwohl der Kanzler mit den Stimmen der Union eine breite Mehrheit gehabt hätte

Umgekehrt war es auch äußerst merkwürdig, dass bei der Frage des Irak-Krieges in der Unionsfraktion nur ein einziger Abgeordneter, nämlich Peter Gauweiler, gegen die vorbehaltlose Unterstützung der amerikanischen Administration stimmte. Gauweiler hat bei der Klausurtagung der CSU in Kreuth im Januar 2003 eine interessante und absolut berechtigte Frage an seine Partei gestellt: Steht ihr auf der Seite von Bush oder auf der Seite des Papstes? Nun ist die Union nach ihrem Selbstverständnis keine klerikale Partei, aber es ist absolut unvorstellbar, dass alle Abgeordneten der Union sich innerlich gegen den Papst gestellt hätten.

Natürlich braucht jede Regierung im Parlament in den wichtigen Fragen auch eine Mehrheit, und die Verpflichtung zur Mehrheitsfähigkeit liegt in der verfassungspolitischen Verantwortung des Abgeordneten dem gesamten Volk gegenüber, das einen Anspruch darauf hat, dass die wichtigsten Aufgaben, soweit sie vom

Gesetzgeber zu erledigen sind, auch bewältigt werden. Sind Grundsätze oder das Gewissen berührt, muss jeder Abgeordnete mit sich selber darüber ins Reine kommen, was für ihn wichtiger ist: das Überleben der eigenen Regierung oder die persönliche Gewissensentscheidung, wobei das Erstere auch eine Gewissensfrage sein kann.

Dieses verständliche Dilemma ist in Deutschland in den letzten Jahren, man kann sagen, in den letzten zwei Jahrzehnten, immer mehr zugunsten der Partei- bzw. Fraktionsführungen und gegen die Selbständigkeit und Gewissensfreiheit der Abgeordneten gelöst worden. Der normale Bürger macht sich keine rechte Vorstellung, in welcher Weise die freie Meinungsbildung und Meinungsäußerung der Abgeordneten von den Parteiführungen eingeschränkt und unterdrückt wird. Wer etwas anderes meint, als die Fraktionsführungen für richtig halten und dies auch noch äußert, wird zum Außenseiter, zum Abweichler, im schlimmsten Fall sogar zum Verräter.

Unterstützt werden Regierung und Parteiführungen von einer autoritätsgeneigten konservativen Presse, die den Erfolg einer politischen Partei an ihrer Geschlossenheit abliest und misst. Sie nehmen dabei in Kauf, dass mit einer solchen Geisteshaltung viel Wichtigeres zerstört wird, nämlich die Glaubwürdigkeit der gewählten Abgeordneten und damit der parlamentarischen Demokratie insgesamt.

Eine Erneuerung des Selbstbewusstseins des Parlamentes ist überfällig. Die Abgeordneten könnten von Jesus lernen, welche charakterlichen Eigenschaften mobilisiert werden müssen, um dem Anspruch der Verfassung zu genügen.

Die Botschaft und die demokratischen Verfassungen

Das neue Bild vom Menschen, das Jesus entworfen hatte, änderte auch die philosophische Gedankenwelt. Das Ideal des aristotelischen Staates, allen Menschen Glück in Gestalt des Gemeinwohls zu ermöglichen, hatte sich als unzureichend erwiesen, vor allem, weil es Machthabern vorbehalten blieb, dieses Gemeinwohl in ihrem Sinne zu definieren. Der griechischen Staatslehre fehlte, wie den totalitären Diktaturen, die Idee einer vom Staat unabhängigen unantastbaren Würde des Menschen. Auch die Demokratie für sich genommen verhindert noch keine totalitären Bestrebungen. Parlamente können mehrheitlich Unrecht beschließen und Menschenrechtsverletzungen sanktionieren. Hitler hatte eine Reichstagsmehrheit, und die meisten Kolonialkriege wurden von Demokratien geführt. Erst die Verankerung der Unantastbarkeit der Menschenwürde und der daraus resultierenden Menschenrechte in der Verfassung begründet die moderne freiheitliche und rechtsstaatliche Demokratie.

Deshalb haben die Mütter und Väter des Grundgesetzes im Artikel 79 Absatz 3 der Unantastbarkeit der Menschenwürde eine Ewigkeitsgarantie gegeben. Keine Bundestagsmehrheit, und seien es 100 Prozent der Abgeordneten, kann diese Bestimmung und die sich daraus ableitenden Rechte abschaffen. Bei den Verhandlungen um einen Verfassungsvertrag in der Europäischen Union muss darauf geachtet werden, dass eine entsprechende Bestimmung in das europäische Grundgesetz hineinkommt.

Amnesty International hat im Jahresbericht 2002 festgestellt, dass in 106 Ländern die Menschenrechte massiv verletzt und Menschen gefoltert werden. Auch Jesus wurde vor 2000 Jahren regelrecht zu Tode gefoltert.

Die Ignoranz und Nonchalance gegenüber diesen unmenschlichen Praktiken, die sich die Führer der westlichen Demokratien erlauben, ist ein Schlag ins Gesicht des Mannes, dessen Namen sie ständig im Munde führen. Die Anti-Folter-Konvention, die alle diese Staaten unterschrieben haben, muss endlich, auch mit Hilfe des Internationalen Strafgerichtshofs, dem beizutreten der amerikanische Präsident sich weigert, durchgesetzt werden.

9.
Wer war schuld?

Die Tempelreinigung

Im damaligen Palästina wimmelte es von Währungen und Münzen. Papiergeld gab es ja noch nicht. Es gab römische, griechische, tyrische (von der Hafenstadt Tyrus) und jüdische Münzen. Nachdem die Römer im Jahre 6 v. Chr. Palästina besetzt hatten, brachten sie auch das römische Geld mit, das in den Berichten der Evangelisten am häufigsten genannt wird. Vor allem der Denar spielte eine große Rolle in den Gleichnissen, die Jesus erzählte. So beim unbarmherzigen Knecht, bei den Arbeitern im Weinberg, bei der Berechtigung der Kaisersteuer, der Salbung in Bethanien und dem Disput mit dem Pharisäer Simon über die so genannte Sünderin.

Jeder Jude musste im Jahr eine Tempelsteuer bezahlen. Jesus und seine Leute waren offenbar mit dem Zahlen der Tempelsteuer in Verzug geraten, denn als sie eines Tages nach Kapharnaum kamen, hielten die Steuerbeamten der Tempelbehörde die Gruppe an und fragten Petrus, den sie für den Anführer der Jünger hielten, ob Jesus nicht die Doppeldrachme bezahle? (Mt 17, 14). Die Doppeldrachme war die Tempelsteuer. Petrus antwortete im Brustton der Überzeugung: «Jawohl», obwohl es glatt gelogen war. Jesus musste das Geld auf eine etwas abenteuerliche Weise besorgen und schickte Petrus los, um die Steuer zu bezahlen. Diese Geschichte ist für uns deswegen interessant, weil die jüdische Tempelbehörde nur Geld als Steuer akzeptierte, das heiliges Geld war. Das war der jüdische Silberschekel oder die gleichwertige tyrische Drachme.

Römisches und anderes Geld wurde nicht akzeptiert, und so war es verständlich, dass an dem Ort, an dem die Tempelsteuer in der Regel bezahlt werden musste, nämlich im Tempel selber, Geldwechsler tätig waren. Wo Geld gewechselt wird, ist auch genügend Geld vorhanden, um Geschäfte zu machen. Deswegen gab es dort auch Viehhändler, sodass der Tempel von einer großen Anzahl von Rindern und Schafen bevölkert war; Tauben und anderes Geflügel saßen auf der Stange oder in Käfigen. Es wird im Tempel ganz schön gestunken haben.

Der Tempel war der Herrschaftsbereich des Hohen Priesters, der damals Hannas hieß. Wahrscheinlich hatten die Geldwechsler und Viehhändler eine Art Standgebühr zu bezahlen, so wie das heute noch auf jedem Markt üblich ist. Der Hohe Priester profitierte von den Geschäften, die dort getätigt wurden. Wie Gerhard Kroll schreibt, klagt der Talmud über die Kaufhallen der Söhne des Hannas. Sie hatten offenbar ein Monopol für die Utensilien, die die Tempelbesucher für die Opfer benötigten. Sie setzten auch, wie berichtet wird, die Preise fest: «So war die Familie des Hohen Priesters an dem Handel mit Opfertieren und am Geldwechsel interessiert.» Einen Sohn des Hannas bezeichnet Josephus Flavius geradezu als einen «Mann, der es verstand, Geldgeschäfte zu machen».[41] Als Jesus vor dem Passahfest in Jerusalem eintraf, kam es zum Eklat (Joh 2, 13 ff.).

Stellen wir uns einmal vor, was da los war: Wir befinden uns in der Vorhalle des Tempels – in das Innere des Tempels durften auch die normalen Juden gar nicht hinein. Die Rinder muhen, die Schafe blöken, die Tauben gurren, die Händler schreien und preisen ihre Waren an – es war also ein lärmendes Geschäftsleben im Gange, bei dem der Schekel rollte.

Wahrscheinlich ging es am Passahfest besonders hektisch zu, weil viele Pilger da waren, die einkaufen wollten. Da erscheint plötzlich ein 30-jähriger Mann, holt sich ein paar Kälberstricke, macht daraus eine Schlagwaffe und fängt an, auf die Leute, aber auch auf die Tiere einzuprügeln. Die Leute rennen davon, die Rinder und Schafe reißen aus, und die Vögel flattern in die Luft. Er packt die Töpfe der Geldwechsler, in denen die Münzen aufbewahrt wurden, und schüttet das Geld klirrend auf den Boden. Gleichzeitig wirft er die Tische um. Ein unglaublicher Krach entsteht. Es ist schwer vorstellbar, dass Jesus das allein gemacht hat. Mit Sicherheit haben ihm seine Gefolgsleute dabei geholfen, die Apostel unter der Anführung von Petrus an vorderster Stelle. Durch einen Einzelnen war das nicht zu schaffen. In den Augen der Hohen Priester und der Tempelpolizei randalierte da eine Gang von Autonomen.

Da der Hohe Priester und seine Familie von den Geschäften im Tempel profitierten, war diese Gewaltaktion, die von den Theologen etwas vornehm als «Tempelreinigung» bezeichnet wird, ein «direkter Angriff auf die Sippe der mächtigsten Familie des Landes»[42] und musste großes Aufsehen erregen. Jesus war offenbar vom Zorn so überwältigt, dass ihm das gleichgültig war. Um diese Gewalttat, die nicht so recht in das Klischee des sanften und friedlichen Jesus hineinpassen will, zu rechtfertigen, griffen die Evangelisten tief in die Kiste des Alten Testaments und brachten zur Entschuldigung das Zitat eines alten Propheten, der einmal gesagt haben soll: «Der Eifer für dein Haus verzehrt mich» (Ps 69, 10).

Jesus wurde hinterher zur Rede gestellt. Er sagte zunächst, dass man das Haus Gottes nicht zu einer Markthalle machen dürfe. Das sagte er relativ versöhnlich zu den Taubenhändlern, die ja auch leben wollten. Die Beamten von der Tempelbehörde gingen direkt zur Sache und fragten, welche Legitimation er eigentlich habe für einen solchen Skandal.

Welches Zeichen lässt du uns sehen als Beweis, dass du dies tun darfst?
(Joh 2, 18)

Jesus lässt sich, offenbar vom Zorn überwältigt, auf die eigentliche Frage gar nicht ein, sondern sagt:

Reißt diesen Tempel nieder, in drei Tagen werde ich ihn wieder aufrichten.

Damit konnte er nicht das Gebäude gemeint haben, wie auch der Evangelist vermutet. Er schleuderte ihnen entgegen, indem er auf sich zeigte:

Ihr könnt mich ruhig totschlagen, nach drei Tagen bin ich lebendig wieder da.

Die jüdischen Kontrahenten konnten dies natürlich nicht verstehen, sondern nahmen diesen Satz wortwörtlich und glaubten, Jesus wolle den Tempel niederreißen, worauf sie sagten:

46 Jahre wurde an diesem Tempel gebaut, und du willst ihn in drei Tagen wieder aufbauen?

Diese «Tempelreinigung» war eine Kriegserklärung an das jüdische Establishment in Jerusalem. Hannas fürchtete um seine Pfründen. Wenn man so will, war es auch ein Anschlag auf den Tempelkult selber, der in den Augen von Jesus durch einen neuen Gottesdienst ersetzt werden sollte.

Nebenbei gesagt: Wir verdanken dieser Antwort die Information, dass der Tempelbau 46 Jahre dauerte. Da Herodes der Große mit dem Tempelbau im Jahre 20 v. Chr. begann, lag das Passahfest, an dem dies alles passierte, im Jahre 27. n. Chr. Das war gleichzeitig das 15. Regierungsjahr des Kaisers Tiberius.

Die Tempelreinigung hatte für die Sadduzäer das Fass zum Überlaufen gebracht, ihre Geduld war am Ende, und Kaiphas zeigte Jesus bei Pilatus wegen Vorbereitung eines Aufruhrs an (Lk 23,2).

Der Prozess gegen Jesus

Wie wir schon erörtert haben, unternahmen alle vier Evangelisten den Versuch, den Juden die Schuld am Tode von Jesus in die Schuhe zu schieben, um gleichzeitig Pilatus, den römischen Prokurator, zu entlasten.[43]

Was aber war wirklich passiert? Die Antwort ist eindeutig: «Die Römer haben ihn ermordet – und sonst keiner», so Pinchas Lapide. «Wer gewillt ist, die Evangelienberichte ihres polemischen Überbaus zu entkleiden, kann kaum umhin, folgendes Tatsachengerüst wahrzunehmen: Die Verhaftung wurde von römischen Truppen befehligt (Mk 14, 43). Es war römisches Recht – die Lex Julia Majestatis –, das auf Jesus angewandt wurde. Nur der römische Landpfleger besaß die Kompetenz ... ihn zum Tode zu verurteilen ... die sadistisch brutale Art der Hinrichtung war römisch und dem jüdischen Strafrecht unbekannt; genau wie es römische Soldaten waren, die Jesus auspeitschten, ihn – und mit ihm sein ganzes Volk – als angespieenen, gedemütigten und dornengekrönten Judenkönig verhöhnten, um schließlich ... ihn an ein römisches Kreuz anzunageln.»

Wenn Jesus sich in die Diskussion einmischen könnte, würde er darauf hinweisen, dass zur damaligen Zeit nur die Römer Schwerter tragen durften und er im Garten Gezemaneh von einer Kohorte gefangen genommen wurde. Dies wäre nicht möglich gewesen, wenn nicht der Prokurator Pilatus schon an diesem Abend informiert gewesen wäre, dass Jesus von den Sadduzäern beschuldigt wurde, das Volk um sich zu scharen und sich als Messias gegen die Römer ausrufen zu lassen.

Und er würde auch sagen, dass Judas ihn nicht verraten hat, sondern dass er selber Judas aufgefordert habe, ihn den Römern auszuliefern, weil er durch seinen Tod die Menschen erlösen wollte. Das griechische Wort *paradidonei* heißt eben nicht «verraten», sondern «übergeben». Und wie sollte er eigentlich verraten werden, wo es gar nichts zu verraten gab? Er sagte zu den Soldaten und Tempeldienern, die ihn festnahmen:

Ihr seid mit Schwertern und Knüppeln ausgezogen wie gegen einen Räuber (griechisch: lestes), um mich festzunehmen. Ich war aber zur Tageszeit bei euch am Tempelberg und lehrte, und ihr habt mich nicht verhaftet. (Mk 14, 48; Mt 26, 55)

Das griechische Wort *lestes* war aber in der damaligen Zeit der gebräuchliche Begriff der Römer für Aufrührer, für Bandenführer. Jesus wurde verhaftet, weil er verdächtigt wurde, ein Aufrührer gegen Rom zu sein. Und das war ein Fall für die römische Gerichtsbarkeit.

Jesus würde auch die Frage stellen, wie man zu der Behauptung kommen konnte – nachzulesen bei Markus, Lukas und Matthäus –, er sei vom Hohen Rat, also vom jüdischen Gericht, verurteilt worden. Jesus wurde möglicherweise im Hause des Hohen Priesters Kaiphas verhört, aber Gotteslästerung konnte ihm nicht vorgeworfen werden, weil er sich als Messias und Sohn Gottes bekannt hatte und es bekanntlich viele Juden gab, die die Messiaswürde für sich in Anspruch genommen und sich als Gottes Sohn bezeichnet hatten – ein gebräuchliches alttestamentliches Synonym für «frommer Jude».

Pinchas Lapide fasst die Gründe, die gegen einen Prozess vor dem Hohen Rat sprechen, zusammen, indem er darauf hinweist, dass Prozesse, an deren Ende die Todesstrafe stehen könnte, nur am helllichten Tage verhandelt werden dürfen. Das jüdische Gericht trat aber angeblich in der Nacht zusammen, um Jesus zu verurteilen. Am Sabbat, an Feiertagen und am Vorabend aller Feiertage dürfen überhaupt keine Gerichtsverhandlungen stattfinden. Angeblich wurde der Prozess aber am Abend des Passahfestes durchgeführt. Zudem darf ein Todesurteil unter keinen Umständen am Tag der Verhandlung gefällt werden, sondern erst am Tag danach. Abgesehen davon hätte der Prozess niemals im Haus des Hohen Priesters, sondern nur im regulären Versammlungsraum des Synedriums des Hohen Rates in der Quaderhalle des Tempels stattfinden können.

Jesus hat zum Schluss zu den Anschuldigungen geschwiegen. Dies gilt zwar nach römischem Recht als Geständnis, nicht aber nach jüdischem Recht. Außerdem gab es bei diesem Prozess keine Verteidigung und keine Entlastungszeugen. Bei der Urteilsfällung muss nach jüdischem Recht zuerst der jüngste Richter das Wort ergreifen, um nicht von seinen älteren Kollegen beeinflusst zu werden, und erst am Schluss kommt der Ratsvorsitzende zu Wort. In den Evangelien spricht aber der Hohe Priester zuerst, worauf alle anderen das Wort ergreifen. Dann heißt es bei Markus und Matthäus, «alle» hätten ihn zum Tode verurteilt. In der jüdischen Rechtspraxis musste aber immer einer der Richter als Anwalt des Angeklagten auftreten, der nicht gegen ihn stimmen durfte. Und schließlich saßen ja im Hohen Rat auch Ratsmitglieder wie Nikodemus, Josef von Arimathea und Gamaliel, der später die Apostel durch seine Intervention vor dem Todesurteil bewahren sollte. (Apg 5, 34) Sie alle hätten sicher gegen die Todesstrafe gesprochen. Einstimmige Urteile waren darüber hinaus schon vom Prozessrecht her ausgeschlossen.

Fazit: Dieser Prozess kann gar nicht stattgefunden haben, und er wird auch weder bei Lukas noch bei Johannes, noch bei Paulus, noch in der Apostelgeschichte mit nur einem Wort erwähnt.

Pilatus war erst recht nicht das «sympathische Unschuldslamm» (Pinchas Lapide), als das er geschildert wird. Josephus Flavius, der jüdische Geschichtsschreiber, schildert ihn vielmehr als einen brutalen Gewaltherrscher. Im Evangelium selber wird, wie ich schon erwähnt habe, berichtet, dass Pilatus Juden beim Opfer töten ließ, sodass sich ihr Blut mit dem Blut der Opfertiere vermischte (Lk 13, 1). Nachdem Jesus vorgeworfen worden war, «König der Juden» zu sein, wäre es für Pilatus lebensgefährlich gewesen, Jesus freizusprechen oder zu begnadigen, da «König der Juden» für die römischen Behörden die Anmaßung des Herrschertitels und damit eine Majestätsbeleidigung für den Kaiser sowie Aufruhr gegen die römische Oberherrschaft bedeuteten. Für die Juden hingegen war das überhaupt kein Verbrechen.

Richtig ist, dass die Sadduzäer mit den Römern kollaborierten, um ihre politische Machtstellung zu untermauern und die Vorteile zu sichern, die sie als Hüter des Tempels besaßen. In ihren Kreisen wurde befürchtet, dass die Römer einschreiten würden, wenn man Jesus so weitermachen lasse. Insoweit saßen die Sadduzäer auf einem Pulverfass. Daher, so berichtet Johannes, versammelten sich die Hohen Priester zu einer Sitzung des Hohen Rates und sagten:

Was sollen wir tun? Dieser Mensch tut viele Zeichen. Wenn wir ihn so weitermachen lassen, werden alle an ihn glauben, und dann kommen die Römer und nehmen uns den Tempel und das Volk weg. (Joh 11, 47)

Kaiphas, der in jenem Jahr das Hohe Priesteramt innehatte, lieferte ihnen die weltberümte Devise:

Es ist besser, dass ein einzelner Mensch für das Volk stirbt, als dass das ganze Volk zugrunde geht. (Joh 11, 47)

Deshalb klagten die Sadduzäer Jesus beim Prokurator an:

Wir haben festgestellt, dass er unser Volk aufwiegelt, denn er verbietet, dem Kaiser Steuer zu zahlen und gibt sich für den Messias-König aus. (Lk 23, 2)

Das reichte nach römischem Recht, um ihn ans Kreuz zu bringen. Es ist unerfindlich, wie Pilatus in einer solchen Situation erklärt haben soll: «Ich finde keine Schuld an diesem Menschen». Die

Behauptung von Johannes, Matthäus, Markus (Joh 18,31; 19,16; Mk 15,15; Mt 27,26), Pilatus habe Jesus den Juden zur Verurteilung und zur Kreuzigung ausgeliefert, steht im Widerspruch zu Lukas (siehe oben) und ist an Absurdität kaum zu übertreffen, denn die Kreuzigung konnte nur die Folge eines Urteils nach römischem Recht sein. Es war eine den Juden völlig fremde römische Vollstreckungsart.

Damit die Schuld endgültig auf die Juden abgewälzt werden konnte, wird die Geschichte erfunden, dass Pilatus, der angeblich Jesus freilassen wollte, resignierend seine Hände vor der Volksmenge gewaschen und gesagt habe, er sei unschuldig an diesem Blut: *Seht ihr zu!* (*Mt 27,24–25*)

Zirka 3000 Leute im Vorhof des Tempels sollen als Antwort darauf im Chor einen Spruch aus dem Alten Testament gerufen haben: *Sein Blut komme über uns und unsere Kinder!* Man muss noch einmal rekapitulieren, dass Pilatus Juden beim Opferdienst ermorden ließ, dass er den Tempelschatz beraubt und Hunderte von Juden ohne Prozesse gekreuzigt hatte. Aus welchem Grund hätte er nun plötzlich mit einem jüdischen Brauch der Händewaschung, also nach jüdischen Ritualen, wegen eines jüdischen Wanderpredigers die Verantwortung ablehnen sollen, die nach römischem Recht allein ihm zukam und zu seinen Pflichten gehörte?

Das Todesurteil fällte Pilatus, und es wurde von seinen Soldaten vollstreckt. Das jüdische Volk war an diesen Vorgängen nicht beteiligt und hatte mit dem Tod von Jesus nichts zu tun.

Jesus und der Antisemitismus

Nach dem entsetzlichen Holocaust, dem die Juden Europas durch die Nazis zum Opfer gefallen waren, war die Hoffnung aufgeblüht, dass es mit der 2000-jährigen Verfolgung der Juden endgültig zu Ende sei. Dies ist leider nicht der Fall. Genährt durch die militärischen Vergeltungsschläge der Israelis bei ihrer Verteidigung gegen die Selbstmordattentäter der islamischen Fundamentalisten, brechen Vorurteile und Hass auf die Juden wie eine Eiterbeule wieder auf. Nach wie vor werden jüdische Friedhöfe geschändet, antijüdische Ressentiments werden, wie die Kampagne von Jürgen Möllemann und das Ermittlungsverfahren der Berliner Staatsanwaltschaft gegen Michel Friedman gezeigt hat, in mehr oder weniger versteckter Form wieder lebendig.

Der Antisemitismus scheint eine unausrottbare Geisteskrankheit der Mehrheit der europäischen Menschen zu sein, die je nach Bedarf und Anlass jederzeit wieder virulent werden kann. Dies steht in direktem Zusammenhang mit der Legende, die seit 2000 Jahren von höchsten moralischen Autoritäten den Christen und Nichtchristen gepredigt wird: Die Juden, und zwar das gesamte jüdische Volk, trügen die Schuld daran, dass Jesus gekreuzigt und ermordet worden ist. Der Vorwurf, einen «Gottesmord» begangen zu haben, sollte über zwanzig Jahrhunderte hinweg die Hetzjagd, Drangsalierung, Kriminalisierung und letztlich die Ermordung der Juden rechtfertigen. Aber nicht das jüdische Volk, sondern die Römer tragen die Verantwortung für den Tod des Mannes aus Nazareth, allerdings eben nicht ohne Zutun der Sadduzäer. Dies hätten die Historiker und Theologen allerdings von Anfang an wissen können, wenn man die Passionsgeschichten kritischer auf ihren Wahrheitsgehalt hin überprüft hätte.

Man schätzt, dass in Europa in den 1900 Jahren vor dem Holocaust seit der Geburt und Kreuzigung des Juden Jeschua ben Joseph, genannt Jesus, ungefähr sieben Millionen Juden umgebracht worden sind; die sechs Millionen Juden, die von den Nazis vergast wurden, kommen noch hinzu. Papst Johannes Paul II. hat das jüdische Volk um Verzeihung gebeten – angesichts der unsäglichen Perversitäten, die von den Kirchenvätern über Martin Luther bis zu den Oberammergauer Passionsfestspielen über die Juden ausgeschüttet worden sind, war dies das Mindeste, was vom Papst stellvertretend für alle christlichen Kirchen an Reue gezeigt werden musste. Martin Luther hat in seiner Schrift «Von den Juden und ihren Lügen» mit der berüchtigten «Sieben-Punkte-Anleitung zum Umgang mit den Juden» die Stichworte für die Judentheologie der darauf folgenden Jahrhunderte gegeben. Darauf beriefen sich die evangelisch-lutherischen Kirchenpräsidenten und Bischöfe in der Nazizeit, als sie am 17. Dezember 1941 die Kennzeichnung der Juden mit dem Judenstern als «geborene Welt- und Reichsfeinde» rechtfertigten. Noch im Jahre 1970 hieß es im katholischen «Oberammergauer Report»: «Genauso wie wir nicht wegleugnen, dass Hitler Millionen von Juden vernichtete, genauso wenig können Juden wegleugnen, dass sie Christus ans Kreuz genagelt haben.»

Sicher kann man feststellen, dass heute die christlichen Kirchen alles tun, um die Sünden der Vergangenheit wieder gutzumachen und dass der ganz überwiegende Teil der Bevölkerung in Deutschland, aber auch in ganz Europa, die Judenmorde der Nazis nachdrücklich missbilligt. Aber man kann auch jederzeit auf der Straße von den einfachen Leuten hören: «Die Juden haben aber unseren Herrn Jesus umgebracht.»

Was würde eigentlich Jesus, der als Jude geboren und als Jude gestorben ist, zu dieser fürchterlichen Tragödie sagen? Ich glaube, dass ihn wenig mehr entsetzen würde als das, was in seinem Namen den Juden von den Christen angetan worden ist. Denn auch Auschwitz ist ohne die judenfeindliche Tradition der Kirchen und der Christen nicht erklärbar. Die religiös begründete Verteufelung der Juden war die psychologische Grundlage, teilweise sogar die ausdrückliche Rechtfertigung der rassistischen Vernichtungsmaschinerie der Nazis.

Der Jude Jesus

Jesus ist seiner eigentlichen Botschaft der Nächstenliebe auch im Todeskampf treu geblieben. Bevor er stirbt, sagt er:

Herr, vergib ihnen, denn sie wissen nicht, was sie tun. (Lk 23,34)

Warum sollte er von dieser Vergebung ausgerechnet seine Landsleute ausschließen, die ihn auf dem Kreuzweg begleitet, ihm Beruhigungsmittel gegeben und – vor allem die Frauen – unter dem Kreuz die Treue gehalten haben? Der Antisemitismus ist, wie wir gesehen haben, durch eine seinerzeit zwar verständliche, aber in ihren Folgen tödliche Geschichtsklitterung der neutestamentlichen Endredakteure Johannes, Matthäus, Markus und Lukas in Gang gesetzt worden. Man darf getrost unterstellen, dass die vier Evangelisten auf diese Verdrehungen gerne verzichtet hätten, wären sie sich über die katastrophalen Folgen bis Auschwitz im Klaren gewesen.

Ich schließe mit einem Zitat von Pinchas Lapide:

«Das Christentum ist die einzige Weltreligion, deren Stiftergestalt zeitlebens einer anderen Religion angehört hat.» Inzwischen, fügt Pinchas Lapide hinzu, schrieben wieder viele jüdische Schriftsteller und Literaten über Jesus. Sie wollen Jesus heimholen – «aber er war nie fort gegangen».

10.
Was würde Jesus heute sagen?

Die Endzeitrede

Jesus selbst hat den politischen Inhalt seiner Botschaft zwei Tage
vor dem Passahfest im Tempel von Jerusalem in seiner großen
Endzeitrede zusammengefasst, die heute ohne Abstriche genauso
gehalten werden könnte. Er schildert, wie er am Ende der Zeit die
Völker der Welt vor sich versammelt.

Die eine Hälfte der Rede richtet er an diejenigen, die es gut gemacht, die zweite Hälfte an diejenigen, die es schlecht gemacht
haben. Die Letzteren soll er verflucht haben, was wohl eher eine
der üblichen verbalen Zuspitzungen der Evangelisten sein dürfte.
Jesus wendet sich an die Menschen auf seiner linken Seite und sagt
zu ihnen: Ihr habt es nicht gut gemacht,

*denn ich war hungrig und durstig, und ihr habt mir nichts zu essen und
zu trinken gegeben; ich war fremd und obdachlos, und ihr habt mich
nicht aufgenommen; ich war nackt, und ihr habt mir keine Kleidung gegeben; ich war krank und im Gefängnis, und ihr habt mich nicht besucht.
(Mt 25, 42–43)*

«Wann sollen wir dir denn geholfen haben?», fragen die Beschuldigten.

Darauf die Antwort:

Was ihr für einen dieser Geringsten nicht getan habt, das habt ihr auch mir nicht getan. (Mt 25, 45)

Wen wird er wohl gemeint haben, als er in der metaphorischen Prophetensprache von Verfluchten sprach, die in die Hölle gehörten? Vielleicht die Konzernleitungen, die in sogenannten ‹Zonas francas› wie in Nicaragua Frauen mit Hungerlöhnen und einem Zwölf-Stunden-Tag Textilien herstellen lassen? Die Wirtschafts- und Finanzminister, die es zulassen, dass Börsenspekulanten die Währungen von Ländern ruinieren und so Millionen von Menschen ins Unglück stürzen? Christliche Gemeindemitglieder, die Vorbestrafte, die in ihrem Dorf wohnen, ausgrenzen? EU-Kommissare, die mit subventioniertem Rübenzucker den Rohrzucker der Campesinos aus Mittelamerika und den Philippinen vom Weltmarkt verdrängen? Gesundheitspolitiker, die in England alten Menschen mit geringem Einkommen die Bypass-Operation und das künstliche Hüftgelenk vorenthalten? Amerikaner und Europäer, die mit subventionierten Textil-, Leder- und Agrarprodukten die Arbeitsplätze in Bangladesch und Indien zerstören? Die deutschen Innenminister, die so genannten nicht staatlich Verfolgten einen gesicherten Rechtsstatus verweigern? Mafiabosse, die hungrige Kinder in die Kriminalität und Prostitution zwingen? Hitler, Stalin, Pol Pot, Karadciz, ihre Schergen und Folterknechte? Hexenverbrenner, Inquisitoren, Terroristen und Mullahs, die Ehebrecherinnen bis über die Hüfte im Sand eingraben und steinigen lassen?

Dann wendet sich Jesus an diejenigen, die auf seiner rechten Seite stehen, und sagt:

Kommt her, ihr seid von Gott gesegnet, denn ich war hungrig, und ihr habt mir zu essen gegeben; ich war durstig, und ihr habt mir zu trinken gegeben; ich war fremd und obdachlos, und ihr habt mich aufgenommen; ich war nackt, und ihr habt mir Kleidung gegeben; ich war krank, und ihr

habt mich besucht; ich war im Gefängnis, und ihr seid zu mir gekommen.
(Mt 25, 34–36)

Auch diese fragen: «Herr, wann haben wir dir das alles getan?» Jesus antwortet:

Was ihr für einen meiner geringsten Brüder getan habt, das habt ihr mir getan. (Mt 25, 40)

Viele Menschen haben mit der Botschaft des Evangeliums die Welt verändert und besser gemacht: die Jünger Jesu ebenso wie buddhistische Mönche, auch wenn diese den Wortlaut des Evangeliums gar nicht kannten, Staatsmänner wie Thomas Morus, Priester und Nonnen, die Frauen und Männer der Caritas und des Diakonischen Werks, Entwicklungshelfer, Schwestern und Krankenpfleger in den Lepra- und Aids-Krankenhäusern, die Pflegerinnen in den Sozialstationen, Millionen von Menschen, die wegen ihres Geschlechts, ihrer Rasse, ihrer ethnischen Zugehörigkeit unterdrückt und verfolgt worden sind und widerstanden haben. Aber auch diejenigen, die in Verfolgung und Einsamkeit untergegangen sind: Franz von Assisi, Martin Luther King, Franz Xaver und Edith Stein, Maximilian Kolbe, Dietrich Bonhoeffer und viele andere.

Die Botschaft

NICHT DIE POLIS, nicht die Nation, nicht der Staat – der Mensch mit seiner in Gott begründeten unantastbaren Würde wird zum Mittelpunkt des politischen Geschehens.

DIE WÜRDE DES MENSCHEN und die aus ihr resultierenden Menschenrechte sind der Maßstab der «Gesetze» und die Grundlage für das gleichberechtigte und multikulturelle Zusammenleben der Menschen.

DIE LIEBE ZUM NÄCHSTEN hat gleichen Rang wie die Liebe zu Gott. Die Liebe zu Gott ist ohne Liebe zum Nächsten wertlos.

DIE LIEBE ZUM NÄCHSTEN ist nicht platonisch und keine Sache des Gefühls. Sie bedeutet Pflicht zum Handeln für denjenigen, der in Not ist, auch für den Feind. Sie sprengt nationale, kulturelle und religiöse Grenzen, sie gilt allen Menschen unabhängig von Klasse, Rasse, Geschlecht, Nation.

AUCH FÜR DEN FEIND wird jeder Mensch zum Nächsten, wenn er in Not gerät.

VERSÖHNUNG, Entspannung und friedliche Lösung von Konflikten haben Vorrang vor Gewalt und Krieg.

FREMDENFEINDLICHKEIT ist mit dem Evangelium unvereinbar.

DIE FRAU ist dem Mann ebenbürtig. Die Diskriminierung der Frauen in der Politik und der Kirche steht im Gegensatz zum Evangelium. Das Verbot der Frauenordination und das Gebot des Zölibates haben kein Fundament im Evangelium.

DIE INTERESSEN der Menschen sind wichtiger als die Interessen des Kapitals. Die kapitalistische Wirtschaftsordnung widerspricht dem Evangelium und ist ein Verbrechen an Milliarden von Menschen, die in Armut, Krankheit und Unwissenheit leben müssen.

ZWEI MILLIARDEN CHRISTEN sind die größten «global players» der Welt. Sie müssen die treibende Kraft für eine neue, gerechte Weltwirtschaftsordnung sein.

JESUS VERKÖRPERT das Ideal der Glaubwürdigkeit, d. h. die Einheit von Ideen, Reden und Handeln, also die Einheit von Anspruch und Wirklichkeit. So wie er die Menschen damals gegen die Machthaber vertreten hat – unabhängig, freimütig, selbstbewusst, furchtlos –, wäre er auch in einem heutigen Parlament der ideale Abgeordnete und Sprecher des Volkes.

DAS JÜDISCHE VOLK trägt keine Schuld am Tode Jesu. Der Antisemitismus ist eine Perversion der menschlichen Zivilisation und Kultur.

DIE BOTSCHAFT verlangt die Realisierung in *dieser* Welt.

Anmerkungen

1 Enzyklika Centesimus Annus, SEI, 44

2 Tacitus, Ann. XV, 44

3 Die in diesem Zusammenhang wichtigsten Bücher sind:
Pinchas Lapide, Entfeindung leben?, Gütersloh 1993
Pinchas Lapide, Ist die Bibel richtig übersetzt?, Band I, Gütersloh 1997
Pinchas Lapide, Ist die Bibel richtig übersetzt?, Band II, Gütersloh
2000

4 Gerhard Kroll, Auf den Spuren Jesu, Leipzig 2002, 234

5 Kroll, a. a. O., 234

6 Man muss nach Karl Rahner – ohne vom Glauben abzufallen – unter
Auferstehung nicht «die Wiederbelebung eines physisch-materiellen
Leibes» verstehen. Karl Rahner, Schriften zur Theologie, XII. 1975, 349

7 Josephus Flavius, De bello Judaico II., 253

8 Kroll, a. a. O., 187

9 Kroll, a. a. O., 188

10 Kroll, a. a. O., 268

11 Kroll, a. a. O., 268

12 Gerhard Iber (Hg.), Neues Testament, München 1972, 11

13 Das Zitat stammt aus dem Alten Testament (Lev 19, 18). Der Zusatz:
«Du sollst deinen Feind hassen» ist allerdings eine Erfindung des
Evangelisten. Ein solches Gebot gibt es nirgendwo im Alten Testa-
ment.

14 Friedrich Nietzsche, Zur Genealogie der Moral, in: Werke, Kritische
Gesamtausgabe, hrsg. von Giorgio Colli und Mazzino Montinari,
6. Abteilung, 2. Band, Berlin 1986, 281

15 Hermann Rauschning, Gespräche mit Hitler, Zürich 1934

16 Pinchas Lapide, Bergpredigt – Utopie oder Programm?, Mainz 1982

17 Heinz-Dietrich Wendland, Ethik des Neuen Testaments, Göttingen
1970, 16 ff.

18 Heinrich Heine, Deutschland: Ein Wintermärchen, Band II, München
1978, 628

19 Pinchas Lapide, Ist die Bibel richtig übersetzt?, Band I, 121

20 Eugen Ruckstuhl, Jesus, Freund und Anwalt der Frauen, Stuttgart 1996, 62

21 Heinz-Dietrich Wendland, a. a. O., 32

22 Pinchas Lapide, Die Bergpredigt – Utopie oder Programm?, 1982, 106

23 Pinchas Lapide, Ist die Bibel richtig übersetzt?, Band II, 12

24 Bob Woodward, Bush at War, Stuttgart/München 2003, 68

25 Bob Woodward, a. a. O., 83/84

26 Thilo Bode, Die Demokratie verrät ihre Kinder, Stuttgart/München 2003, 18/19

27 Christiane Grefe u. a., attac, Berlin 2003, 39 ff.

28 Kroll, a. a. O., 291/292

29 Siehe Süddeutsche Zeitung, 19. 4. 2003, 9

30 Uta Ranke-Heinemann, Nein und Amen, München 1992, 123

31 Kroll, a. a. O., 249

32 UNICEF, Zur Situation der Kinder in der Welt, 2002, 54

33 Ruckstuhl, a. a. O., 59

34 Uta Ranke-Heinemann, a. a. O., 186

35 Der Satz lautet im griechischen Urtext: *mae mou haptou*. Haptein heißt: anbinden, befestigen, festhalten. Hieronymus macht daraus das berühmte «noli me tangere»: Fass mich nicht an!!

36 Ruckstuhl, a. a. O., 198, 37

37 Kroll, a. a. O., 309

38 Kroll, a. a. O., 214

39 Pinchas Lapide, Ist die Bibel richtig übersetzt?, Band II, 56

40 Kroll, a. a. O., 188

41 Josephus Flavius, Antiquitates Judaicae XX, 9, 2, Köln 1960

42 Kroll, a. a. O., 185

43 Ich stütze mich bei der Schilderung des Prozesses im Wesentlichen auf: Pinchas Lapide, Wer war schuld an Jesu Tod?, Gütersloh 2000, und Weddig Fricke, Standrechtlich gekreuzigt, Buchschlag bei Frankfurt/Main 1986

Über den Autor

Dr. Heiner Geißler, geb. am 3. März 1930, drei Söhne, vier Enkelkinder, studierte als Mitglied des Jesuitenordens vier Jahre Philosophie in München und anschließend Rechtswissenschaften an der Universität Tübingen. Er war Richter, dann Jugend-, Sozial- und Sportminister in Rheinland-Pfalz, Bundesminister für Jugend, Familie und Gesundheit in Bonn. Von 1980 bis 2002 war er als Abgeordneter der Südpfalz im Deutschen Bundestag, Mitglied des Ausschusses für Menschenrechte und Humanitäre Hilfe sowie des Auswärtigen Ausschusses.

National und international galt sein Einsatz der Wahrung der Menschenrechte. Zahlreiche sozialpolitische Neuerungen wie die Einführung von Sozialstationen, Erziehungsgeld und Erziehungsurlaub, Anerkennung von Erziehungsjahren in der Rentenversicherung, Reform des Kriegsdienstverweigerungsrechtes sowie das erste Kindergarten-, Krankenhausreform- und Sportförderungsgesetz wurden von ihm durchgesetzt. Als Generalsekretär machte Heiner Geißler die CDU zu einer Programmpartei und einer schlagkräftigen politischen Organisation, Marksteine sind seine Konzeption der Neuen Sozialen Frage, der Multikulturellen Gesellschaft und der Internationalen Sozialen Marktwirtschaft.

Seine bekanntesten Buchveröffentlichungen sind: «Die Neue Soziale Frage», «Abschied von der Männergesellschaft», «Zugluft – Politik stürmischer Zeit», «Heiner Geißler im Gespräch mit Gunter Hofmann und Werner A. Perger», «Der Irrweg des Nationalismus», «Bergsteigen», «Das nicht gehaltene Versprechen: Politik im Namen Gottes», «Zeit das Visier zu öffnen», «Intoleranz». Im Rowohlt.Berlin Verlag erschien sein Buch «Wo ist Gott. Gespräche mit der nächsten Generation».

Heiner Geißler ist begeisterter Bergsteiger, Kletterer und Gleitschirmflieger.